讲给孩子的
科学通识课
自然与科技

童 心 / 编著

U0314370

化学工业出版社
·北京·

图书在版编目（CIP）数据

讲给孩子的科学通识课. 自然与科技 / 童心编著. —北京：
化学工业出版社，2023.11（2024.11重印）
ISBN 978-7-122-44119-5

Ⅰ. ①讲… Ⅱ. ①童… Ⅲ. ①科学知识-儿童读物②自然科
学-儿童读物 Ⅳ. ①Z228.1②N49

中国国家版本馆CIP数据核字（2023）第173931号

责任编辑：史　懿　　　　　　　　　装帧设计：刘丽华
责任校对：王　静

出版发行：化学工业出版社（北京市东城区青年湖南街13号　邮政编码 100011）
印　　装：北京宝隆世纪印刷有限公司
710mm×1000mm 1/16 印张10 字数150千字 2024年11月北京第1版第2次印刷

购书咨询：010-64518888　　　　　　售后服务：010-64518899
网　　址：http://www.cip.com.cn

凡购买本书，如有缺损质量问题，本社销售中心负责调换。

定　　价：49.80元

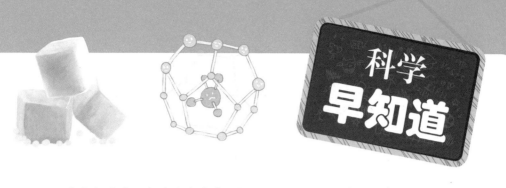

科学
早知道

孩子在成长的过程中总是伴随着无数的疑问。他们面对这个奇妙、神秘、绚烂的世界，双眼充满了好奇和求知的渴望，最常说的一句话就是："为什么？"

天空为什么是蓝色的？为什么会下雨？为什么会有四季？为什么冬天呼吸时嘴巴里会吐出白雾？为什么电话可以传播声音？为什么焰火是五颜六色的？为什么降落伞会让人安全着陆？……这些使孩子们感到困惑的问题在本书中将会一一解答。本书汇集了200多个非常广泛实用、贴近生活的关于自然与科技的典型问题，总体分为美丽的大自然、风雨雷雪、我们身边的科学、奇妙的现代科技四部分，大到天地万象，小到日常生活的点滴，是一本集科学性、知识性、趣味性和实用性于一体的儿童科普读物。同时，精美的插图、生动有趣的文字，也有助于读者们轻松阅读。

随着社会经济的日益发展，知识更新的速度十分惊人。现在，这个世界几乎到处都是"为什么"，而孩子作为未来的主人，一定要紧跟上这个时代的步伐，成为一个智慧、博学的人！

童　心

2023 年 9 月

目 录

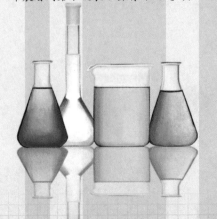

为什么说森林是地球的"肺"？

　　肺是我们呼吸的重要器官，它为我们身体的各个部分输送氧气。而森林，通常被看作是地球母亲的肺，为什么这么说呢？

　　原来，森林不仅能够为我们提供木材和果实，还有着净化空气的作用。它和我们人类不同，我们吸进氧气，呼出二氧化碳。而树木白天将二氧化碳吸进自己的体内，然后释放出我们所需要的氧气。这么一看，是不是和我们肺的作用相似呢？也正是因为这样，它才能担当肺的重任呢。

　　而且，更神奇的是，树木还可以吸收很多有害的气体，改善生态环境。可是，现在人们越来越不注重环境的保护，乱砍滥伐，使得很多森林遭到破坏。要想让地球妈妈健健康康的，我们应该多多保护森林，只有这样，我们才能在美好的环境中生活下去。

大气分成哪几层？

大气层就像是地球的衣服，能够起到一定的保护作用。事实上，大气层还分成好几层呢。

空气看都看不见，怎么会有分层呢？其实这并不难理解，就像我们穿很多层衣服一样，每层衣服都有着不同的作用。它们各尽其职，才将地球保护得好好的。

对流层是地球的"贴身衣服"，它最贴近地球。我们日常中见到的风霜雨雪都是由这层大气产生的。平流层是地球的"秋衣"，它的温度变化小，且没有剧烈的天气变化，所以

飞机都在这层飞行。中间层是地球的"衬衣"，这层主要起到一个界限的作用，将平流层和暖层分开。再往外就是暖层了，它可以看作是地球的"毛衣"，这一层也叫电离层，我们所使用的无线通信就主要靠这一层。最外面的就是外层，也就是地球的"外套"，它保护着里面的气层，也将地球和宇宙隔开。

这样一看才知道，原来每一层都有着不同的作用，都是缺一不可的。只有它们组合在一起，才能更好地保护我们的地球。

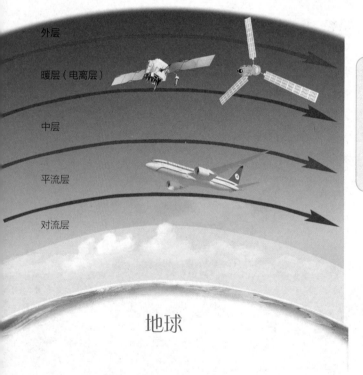

外层

暖层（电离层）

中层

平流层

对流层

地球

智慧大本营 ♠

臭氧层是大气层当中非常重要的一个部分，它位于平流层中，能够保护我们的地球不受紫外线的侵害。但是，现在在南极上空已经出现了臭氧层空洞，而且有逐渐扩大的趋势。

为什么说地球像个"大磁铁"？

地球磁场到底从哪里来呀？

我想，是因为地球中心有一根超级粗的电磁棒！

错啦！是因为地球内部的液体核可以导电，当电流通过时，就会产生磁场。

　　小朋友们都玩过磁铁吧，它很神奇，但小朋友们可能不知道，我们生活的地球其实也是一个"大磁铁"！

　　我们都知道，指南针就是利用了磁场。那么磁场是从哪来的呢？原来，地球内部存在大量的液态铁，当地球自转时，这些液态铁随之不断流动产生了电流。小朋友们或许不知道，电流能够产生电磁，这也就是地球遍布磁场的原因了。虽然我们肉眼看不见，但磁场无处不在，不仅是地面上，就连大气层当中都有。

地球磁场示意

　　事实上，不只地球有磁场，很多星球都有。不过据科学家们研究，太阳系中磁场最强的星球就是地球。这么看来，难怪要说地球是块"大磁铁"了！

从太阳日冕层吹来的太阳风，好像要把地球磁场从地球上吹走似的。

3

晴朗的天空为什么呈现蓝色？

世界上有那么多颜色，为什么天空偏偏是蓝色的呢？

其实呀，太阳光由七种颜色构成，分别是红色、橙色、黄色、绿色、青色、蓝色和紫色，也就是雨后彩虹的颜色。但是呢，这几种颜色的光并不是都能穿透空气的。因为在空气中有很多小水滴、小尘埃。这些就像拦路虎一般，将蓝色光、青色光和紫色光阻碍了。相较于这三种颜色，红色、橙色和黄色比较强悍，可以穿过重重障碍到达地面。

最终被小水滴、小尘埃阻碍的蓝色光、青色光和紫色光，就只能在空中飘荡了。它们四散开来，覆盖了整个天空，这样一来，我们眼中呈现的就是浩瀚的蓝天了。

我们会不会把自然界的氧气全用完呀？

不知道小朋友们有没有想过，地球上的氧气会用完吗？其实，这个担忧早在19世纪时就出现了。当时有一个物理学家推测，再过5个世纪，地球上的氧气就会耗尽。然而，现在已经到了21世纪，氧气的含量丝毫没有减少。这是怎么回事呢？说到底还要归功于植物。

小朋友们都知道，只要有阳光，植物就可以进行光合作用。它们会吸收空气中的二氧化碳，同时将氧气排出。也就是说，它们就像一个小型的"氧气加工厂"，只要用一些我们不要的"废料"就能产出氧气。

这样一来，氧气就成了可以循环的物质。所以，小朋友们完全无需担心氧气被用光。放心地深呼吸吧。

森林是制造氧气的主体

呼吸氧气

排出二氧化碳

人类

吸收二氧化碳

呼吸氧气

动物

排出氧气

植物

光合作用示意

我们生活的地球上充满了空气，而空气中的氧气，正是我们离不开的重要气体。但是，你知道吗？空气中不只有氧气，还有很多其他的气体。而且，氧气的含量也不高，只有21%左右。也就是说，我们吸入一大口空气，其中只有五分之一的氧气而已。

小朋友们是不是在想，为什么空气里的氧气这么少呢？如果吸入一口纯氧会是什么感觉呢？如果有这种想法，那就要马上忘掉它。因为氧气浓度过高的话，对我们会造成很大的伤害。

事实上，我们人类呼吸的氧气浓度不能超过40%，否则就会出现中毒的症状，让我们呼吸不畅，严重的时候甚至还会引起窒息，带来生命危险。而且长时间呼吸浓度过高的氧气的话，还可能压迫我们的视觉神经，导致失明。所以说，地球给予了我们最好的空气配比，氧气含量适中才能让我们自由地呼吸，并不是氧气越多越好。

大气中的氧气为什么不能过多？

空气组成

智慧大本营

虽说氧气含量太高对身体没有好处，但是缺氧也会有碍身体健康。高原反应就是一种缺氧反应。在地势高的地区，因为空气稀薄，氧气含量小，所以很多人到青藏高原都会出现高原反应。

缺氧的感觉真难受啊！

地球上为什么会有四季？

地球在太阳系中就像音乐盒中跳芭蕾的小人一样，自己转圈的同时，也围绕着其他的中心转大圈。地球围绕的中心，就是太阳。

地球自己转圈，总有一半能够照到阳光，另一半照不到，这就有了白天和晚上的差别。那地球围绕着太阳转有什么意义呢？围绕着太阳旋转就将一年分成了四个季节。为什么地球围着太阳转季节会不同呢？

这是因为，地球总是斜着身子转的，太阳的直射点在南北回归线之间摆动，这样一来，有的地方受阳光照射多，有的地方少，温度就有了差别，也就是我们一年当中的不同季节了。不过，地球南北半球的季节是相反的。北半球的冬季正是南半球的夏季。不过，也不是地球每个地方都是这样的，比如赤道附近，因为一年四季都能接受阳光的照射，所以没有明显的季节区分。

三九天为什么特别冷？

父母时常会说，三九天是一年中最冷的时候。为什么三九天最冷呢？

想要知道答案，我们就要知道什么是三九天。很久很久以前，我国聪明的古人将冬至之后的81天分成了九个阶段，每个阶段都有9天，所谓的三九就是第三个9天。

小朋友们或许好奇了，冬至不应该是一年中最冷的一天吗？为什么三九天比冬至还冷呢？事实上，冬至是一年当中白天最短、夜晚最长的一天，虽然白天接受的阳光照射少，但是此时大地中还存留着一些热量，使得冬至的时候并没有那么冷。那么地面的热量是从哪里来的呢？

夏天……

地面将热量储藏起来

冬至到了……

地面的热量仍在散发

冬至过后……

地面所能提供的余温不多了

原来，在夏天的时候，阳光非常充足，甚至过剩。但那些热量并没有被浪费，而是被地面储藏起来了。随着天气变凉，太阳光少了许多，但是地面的热量仍在散发。然而，随着不断地消耗，地面所能提供的余温就不多了，我们也会感觉天气越来越冷。这也就是冬至并不是最冷，三九天才最冷的原因了。

智慧大本营 ↑

冬天的九个阶段有一首冬九九歌：一九二九不出手，三九四九冰上走，五九六九沿河望柳，七九河开，八九雁来，九九加一九，耕牛遍地走。

自然界真的会存在"蝴蝶效应"吗?

蝴蝶是非常美丽的动物,同时也是非常弱小的动物。小朋友们能够想象吗?一只小小的蝴蝶抖一抖翅膀,就可能引起一场灾难性的龙卷风!听起来这似乎是天方夜谭,但是,在1963年的时候,一名气象学家用这个事例提出了"蝴蝶效应"。

蝴蝶的翅膀和龙卷风有什么联系呢?原来,它们之间是以空气作为桥梁联系起来的。蝴蝶的翅膀运动的时候,它周围一定会产生空气的流动,虽然非常微弱,但是空气系统已经发生了改变。之后,就像多米诺骨牌一样,会产生一系列的连锁反应,最终,很远很远的地方空气系统也会发生改变,并且,变化极大。

简单来说,这种效应就像滚雪球一般,即使一开始的起因微不足道,但是经过一系列的变化之后,结果可能会和开始产生巨大的落差。

你忘了"蚁穴虽小,可溃千里长堤"的故事吗?其实和蝴蝶效应可是一个道理呢!

以前一直觉得蝴蝶好欺负,没想到这么厉害啊!

8

最热的地方为什么不在赤道？

地球上最热的地方在哪里呢？赤道周围一年四季都有阳光的照射，一定是那里了吧？这样想就错了哦！因为地球上最热的地方并不是赤道，而是沙漠。

这是为什么呢？小朋友们想一想，沙漠有什么与众不同的地方吗？对了，沙漠都是漫无边际的黄沙，一滴水都没有。沙漠炎热的秘密就在这里。告诉小朋友们一个秘密，水比陆地的"胃口"大，所以能够吸收很多

的热量。赤道地区虽然全年都接受阳光照射，但是在赤道附近有海洋，它们可以吸收很多热量。

而且，海洋中的水还有一个特别的特性。当温度过高的时候，海洋中的小水滴就会变得轻飘飘的，会"飞"到天空当中，变成更加细微的水分子。这个过程也会消耗一部分的热量。可是，沙漠没有为自己"解渴"的水，所以只能由沙子接受阳光的热量，这样就使得沙漠比赤道还热了。

三伏天为什么是一年中最热的时候？

三九天我们已经知道了，那是一年中最冷的时候。而最热的时候，就是三伏天了。为什么最热的时候不是夏至，而是三伏天呢？

按照常理来说，夏至是一年中白昼最长的一天。这天太阳光最充足。不过，这个时候地面的温度不是最高的。我们都知道，地面可以吸收热量，在适当的时候将热量散发出来。夏至的时候，太阳光非常充足，地面就不停地储藏热量。之后，随着日照时间的减少，将自己储藏的能量散发出来。三伏天的时候，经过长时间的热量储存，地面的温度已经达到极限了，再加上太阳的照射，自然就最热啦。

> **智慧大本营**
>
> 夏天也有一首夏九九歌：
> 夏至入头九，羽扇握在手；
> 二九一十八，脱冠着罗纱；
> 三九二十七，出门汗欲滴；
> 四九三十六，卷席露天宿；
> 五九四十五，炎秋似老虎；
> 六九五十四，乘凉进庙祠；
> 七九六十三，床头摸被单；
> 八九七十二，子夜寻棉被；
> 九九八十一，开柜拿棉衣。

1. 地面吸收热量

2. 地面将储藏的能量散发出来

什么是气象灾害？

当然不是了，地震是由于地壳运动引发的。

我很怕地震，地震也是一种气象灾害吗？

其实，凡是因为大气原因对人类的生命、生产造成损害的，都可以称为气象灾害哦！在我国，气象灾害十分频繁，且常常会造成严重损失。

现在，常见的气象灾害有暴雨、雨涝、冰雹、连阴雨、冻雨、雷电、大风、沙尘暴、龙卷风、大雾、高温、低温、霜冻、寒潮、干旱、干热风、热浪、洪涝、台风等，另外还包括由于气象因素引发的山体滑坡、泥石流、风暴潮、森林火灾、酸雨、空气污染等灾害。

在气象灾害中，干旱是对我国影响面最大、最严重的灾害。由于降水量严重不足，引发了许多问题，比如农作物生长受到破坏，河川流量减少甚至干涸，人民、牲畜饮水困难，工业用水紧张等。据统计，我国粮食作物每年因干旱平均减产100亿～150亿公斤，每年由于缺水造成的经济损失达2000亿元，真是令人吃惊啊！

为什么要在南极设立气象站呢？

想要知道天气的变化只要看天气预报就行了，那么天气是怎样观测的呢？那就要归功于气象站了。气象站在很多地方都有，就连没有常住人口的南极都有气象站。这是不是很奇怪啊？那里又没人居住，设立气象站做什么呢？

其实，在南极设立气象站，是因为南极地区纬度很高，在气候变化方面非常明显。相对的，一些中纬度和低纬度地区气候变化很小，难以观测到，但是南极就像一个"放大镜"，能够将微弱的天气变化呈现出来。也

就是说，南极气象站的建立，对全球气候的监测有着不小的作用呢！

沼泽是怎样形成的？

沼泽是一个"隐身的杀手"，如果不小心的话，就会陷入危险之中。那沼泽是怎样形成的呢？为什么它没能成为陆地或者湖泊呢？

湖泊

沼泽

其实，沼泽的形成原因有很多，其中有一部分沼泽就是由湖泊发展而来的。这是怎么一回事呢？原来呀，有的河流比较浑浊，它在流入湖泊的同时也带来了大量的泥沙。作为湖泊的一部分，河水扩展了湖泊，湖泊变大了，水流就变慢了。慢慢地，泥沙就淤积在了湖泊当中。经过了很长很长的岁月，泥沙逐渐将湖泊填满，在泥沙之上，生出了很多水草，湖泊变得又浅又小，这个时候，它就该改名成"沼泽"了。

煤

沼泽中生活着许多动植物，如芦苇是很好的造纸原料。大天鹅、黑颈鹤、丹顶鹤也栖息在沼泽。大面积的沼泽贮藏着大量水，可以调节补充河流、湖泊的水量，是一个天然的大水库，所以，我们要合理地保护、利用沼泽。

智慧大本营

沼泽虽然很危险，但是有很多喜欢潮湿环境的植物都在那里安家。等这些植物死亡之后，它们的"尸体"就会堆积在沼泽中，随着时间慢慢被泥沙埋住。经过上万年之后，这些深埋在沼泽当中的植物"尸体"，就会成为我们生活当中常见的泥炭。亿万年后再形成煤炭。

为什么有的冰能燃烧？

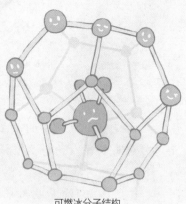

可燃冰分子结构

水是可以变身的奇怪物质，它可以变成轻飘飘的水蒸气，飞到空中；也可以成为固体，也就是我们常见的冰。当冰遇到火的时候会怎样呢？

小朋友们一定都观察过，冰遇到火会融化，变成水。但是小朋友们有没有想过另一种可能呢？就是冰燃烧起来了！这很难相信吧？但现实当中确实有可以燃烧的冰哦！当然啦，这种冰可不是普通的冰。

在高压、低温条件下天然气和水的分子"抱"在一起，形成了类似冰一样的晶体物质。不过与真正的冰不同的是，它可以燃烧，称为可燃冰。

如果将可燃冰打回原形变成天然气，我们会发现，它的体积是它固体形态的几百倍！而且，可燃冰储量十分丰富，能够成为一种新能源呢！

智慧大本营 ↑

可燃冰又称为天然气水合物，是一种新的矿产资源，可直接点燃，燃烧后几乎不产生任何残渣，污染比煤、石油都要小得多。不过，可燃冰主要储存于海底或寒冷地区的永久冻土带，比较难以寻找和开采。

为什么城市比郊区温度高？

　　小朋友们是生活在城市还是郊区呢？你们有没有发现一个问题，即使是同一个季节，相距不远，但城市的温度会比郊区温度高。为什么会有这样的差异呢？

　　我们想想城市和郊区有什么区别吧。首先，城市要比郊区繁华得多，到处高楼林立、人口密集，相比之下，郊区就显得空旷多了，容易散热；其次，城市中人们的生活、行动的过程本身也会产生热量。比如，照明、做饭、取暖、空调都会产生热量，城市中有很多汽车，汽车行驶产生的热能和尾气都会使温度升高。而且，城市中的建筑物和柏油路都非常能吸热，再加上散热慢，自然就比郊区温度高啦！

山顶上的气温为什么会比较低？

　　有一句话叫作"高处不胜寒"，也就是说，越高的地方气温越低。这并不只是一句诗，也是现实中存在的一个规律。你知道这又是为什么吗？

　　其实啊，这都是大气捣的鬼！我们都知道，地球外面包围着大气，它们保护着地球，可以阻挡一些射线，比如紫外线。同时，大气还有一个作用，就是保温。空气将太阳光散发的热量"绑"在地球表面，防止它散发，这样我们才能感受到温暖。

　　但是，高山顶上空气比较稀薄，这使得它们心有余而力不足，不能很好地保存热量。所以，山顶上往往比地面冷很多，爬山的人都需带上厚外套以应对高山的低温。

地球上最寒冷的地方就是两极地区，不知道小朋友们是否想过，这两个地方哪个更冷一些呢？都是冰雪覆盖的地方，难道温度不一样吗？答案是"不一样"，如果南极和北极一较高下的话，南极的寒冷要更胜一筹呢！

北极和南极都在高纬地区，气候寒冷。北极是海洋，南极主要是陆地。陆地温度变化的速度要比海洋快很多，自然降温的速度也超过海洋很多。这些因素综合在一起，使得南极成为地球上最寒冷的地方。2010年8月10日，科学家在南极测得了零下94.2摄氏度的最低温度。

北极

南极

孩子，知足吧，南极的企鹅叔叔那里比咱们这儿还要冷呢！

妈妈，冷！

孩子，要坚强！

智慧大本营

极昼和极夜现象只出现在南极圈和北极圈。每年南北两极交替出现。当南极为极昼时，北极则为极夜，反之一样。

14

早晨看到露水就表示会有好天气吗?

露水就像是天气的预报员一样，当我们看到露水的时候就知道一定是好天气，这是为什么呢？

小朋友们一定都知道，空气中有很多微小的水分子，露珠就是它们聚在一起形成的哦！不过，它们聚在一起是需要条件的。当天空晴朗的时候，地面上的热量会很快地流失，这样一来温度就降低了。冷了的水分子们就聚集在一起"抱团取暖"，也就形成了露珠，成为我们常见的露水。

反过来说，如果天空中是厚厚的云彩，那地面的温度散发到云层时就会被挡住，这样一来温度就不会降低，水分子们就在空中自由地飞翔。

而如果有风的话，会使空气产生流动，不会轻易地让水分子聚在一起。这种天气自然就看不到露水了。

看样子今天又是个好天气。

你怎么知道？

15

智慧大本营

其实，云是在地球水循环过程中形成的。当太阳照射地表，水被蒸发为水蒸气，一旦空中的水汽达到饱和，就会围绕微尘聚集，由此产生了水滴或冰晶。当无数个水滴或冰晶将阳光散射到各个方向，就形成了我们看到的云。云的形状和颜色不同。

云朵是天气的"预报员"吗？

当天空灰蒙蒙的时候，就是云朵将太阳公公藏起来了。这也预示着天气将发生变化。所以，我们可以将云朵看作是天气的"预报员"。

怎样通过云朵辨别天气呢？一般情况下，天气晴朗，云朵不会很多，即使有云，也都非常轻薄、洁净、距离地面较远。但是，当云朵连成一片，离地面很低，看起来呈灰色的时候，就是要变天了。看到这样的云朵可能会下小雨、小雪。如果云朵非常厚重，看起来一大团一大团的，颜色很深，那就是要下暴雨，还有可能刮大风、落冰雹呢！

怎么样，云朵还是一个不错的天气"预报员"吧？

大雾不散为什么就表示要下雨？

在夏天，有时除了云朵之外，还有一种现象能预示天气，就是雾。小朋友们都见过，下雾的时候，周围白茫茫一片，如果大雾一直不散的话，就是下雨前的征兆了。这是为什么呢？

我们只要知道大雾是怎样形成的，问题就迎刃而解了。我们都知道空气中有很多微小的水分子，它们弥漫在空气当中。在接近地表处，水分子凝结会形成雾，而在高空中则凝结成云。雾常出现在秋冬季节的清晨，当太阳升起后，气温升高，雾就会散去。但如果大雾久久不散，就说明有冷空气来临，空中的云遇冷后就会形成雨落下来。所以大雾不散，也就成了一个下雨前的预兆。

冬天我们为什么会呼出"白雾"？

小朋友们知道水有三种形态吧？我们呼吸的空气当中含有水蒸气，在我们吸气的过程当中，空气中的水蒸气也进入了我们的身体。

冬天是非常寒冷的，爸爸妈妈肯定让我们穿了厚厚的衣服，这样一来，我们身体的温度就会比外面的高，呼出的气体温度也比外面高。于是，当我们呼出气体时，气体中的水蒸气遇冷会迅速凝结为小水珠。当小水珠越聚越多，最后便会形成一片白色的雾气。

而夏天因为气温高，所以呼出的气体不会被凝结为小水珠，我们也就看不到"白雾"了。

所有的云朵都会降雨吗？

蓝蓝的天上白云飘，每朵云彩都能降雨吗？小朋友们一定要知道，并不是每朵云彩都会降雨的。这又是为什么呢？

下雨看起来是一种常见的天气，但实际上，下雨的过程是非常复杂的。虽然云朵都是由无数的小水滴汇聚在一起组成的，但没有一定的条件它们不会离开云朵降落到地面。云朵中的小水滴重量都非常轻，它们即使想落到地面上也不是一件简单的事，这些微小的小水滴重量不足以下落，只有很多很多水滴聚集在一起的时候，才有落到地面的可能。

所以，我们看到的乌云是具备了下雨条件的云朵，只有禁不住过多小水滴的云朵才能形成积雨云，最终形成雨水，落到地面上。

云彩为什么总是浮在空中？

小朋友们有没有玩过氢气球啊？它轻飘飘的，不能松手，一松手，它就飞走啦。可能有的小朋友知道，这是因为氢气比空气更轻，所以它不会落下来，而会飘到空中。就像水中的羽毛一样，因为重量轻，所以不会沉底。

我们可以将天空看作是由空气组成的海洋，云彩就是飘浮在空气当中的"羽毛"。云彩是由很多很多微小的水滴组成的，这些水滴小到我们肉眼看不到，只有汇集在一起我们才能看见。它们体积小，重量也极轻。在靠近地面的地方空气温度高，而高空中空气温度低，热空气上升，产生向上的气流，托着云彩，所以云彩就飘浮在蓝蓝的空中啦。

云为什么会有不同的颜色？

虽然画画的时候小朋友们都会默认将云朵画成白色，但是，云彩其实有很多颜色哦！比如乌云，就是我们常见的黑沉沉的颜色。除此之外，也有灰蒙蒙的云彩，甚至还有发红光和紫光的云彩。为什么云彩会有不同的颜色呢？

乌云是积雨云，这样的云通常都非常厚重，挡在太阳面前，阳光很难穿透，所以，我们看它就是黑沉沉的；如果能够透出少量的光线，就发灰。通常我们看到的白云都能透光，所以颜色明亮。而那些有颜色的云，是阳光和云朵的共同作用。我们都知道，阳光由很多种颜色的光组成，如果云层的大气发挥了作用，将各种颜色的光散射到不同的方向，云朵就成为彩色的了。

为什么说"朝霞不出门，晚霞行千里"？

太阳照向天空，通过厚厚的大气层时，被大量的空气分子散射，从而使云层变得五彩缤纷，这种云彩叫作霞。日出前后在东方看到的霞称朝霞，日落前后的霞称晚霞。

在日出前后出现朝霞，说明大气中的水汽已经很多，预示天气将要转雨，这就是"朝霞不出门"的原因；在日落时看到晚霞，原因恰恰与朝霞相反，这是因为经过一天的阳光照射，虽然大气中水分已经不多，但是尘埃因为对流变弱，大量聚集在低层，也会反射光照形成彩霞，而按照气流平均流向是自西向东移动的规律来说，表示最近几天里天气晴朗，所以有"晚霞行千里"的说法。

智慧大本营 ◆

火烧云就是红色的云，这种云并不是每天都能见到的，一般只会在傍晚看到，偶尔在清晨也可以看见。这是因为，一般傍晚时的空气层要厚一些，阳光穿透起来有困难，只有红色和橙色的光够强悍，能够穿透，所以才会出现火烧云。

重庆的雾为什么特别多？

雾都重庆

　　小朋友们知道重庆的外号吗？重庆是我国的"雾都"。从名字看也知道这里多雾啦。不过这里可不是被污染了哦，而是因为自然原因。

　　这还要从它独特的地理位置说起。一方面，重庆处于嘉陵江边，空气湿度很大；另一方面，重庆四周有高山挡着，水分不会轻易跑到外面去。再加上没什么风，水分更是停留在这里不走了。天气一热，大地就在晚上散热，散完热温度降了下来，空气中的水分子就抱成团，成为小水滴了，在低空中飘来飘去，就成为雾气了。

　　到了白天，因为地势原因，太阳照射时间短，雾气没办法完全变成气体，所以看起来就总是雾气弥漫了。

智慧大本营 ↑

　　雾在形成过程中，会与空气中的灰尘结合，所以雾对人体健康会产生危害。在雾天，要尽量减少室外活动，如果外出切记要戴上口罩，保护好皮肤、咽喉、关节等部位。另外，雾气还会影响道路交通的安全，如车辆限速、轮船限航、飞机停飞等。

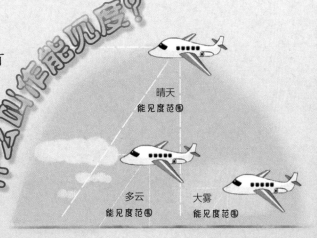

什么叫作能见度？

晴天
能见度范围

多云
能见度范围

大雾
能见度范围

小朋友们在看天气预报的时候有没有发现一个陌生的名词呢？那就是能见度。什么是能见度呢？

简单来说，能见度就是反映空气透明度的一个标准。举例来说，大雾天，我们能够看见的距离非常短，这种天气能见度就非常低。反之，天气晴朗、万里无云的时候，我们能够眺望很远，这种时候空气是非常清透的，自然能见度就很高了。

智慧大本营 ↑

能见度对于航空来说有着非常重要的作用。我们都知道，能够看得远，才能提早预知危险，才能及早采取措施，保证我们的安全。如果能见度很低，那么出行就变得有些危险了，开车的人都会非常小心。所以，在大雾、大雪的时候，航班通常都会延误或取消。

为什么会出现蓝色或绿色的太阳？

在我们的印象中，太阳一直是金黄色的，或者红彤彤的，但是小朋友们知道吗？天空中还出现过蓝色和绿色的太阳呢！这样的场景可谓是奇观啊。当然，这并不是太阳本身变了颜色，而是因为光的作用。

太阳光由七种颜色的光线组成，通常情况下，只有橙色和红色的光能够穿透空气，到达地面。但是，当空气中出现很多尘埃的时候，光线发生了变化。空气中的冰晶、水滴、尘埃其实都是光线的障碍物，它们使得光线转变方向，这种现象叫作光的散射。当红色、橙色光被散射掉，太阳看上去就变成蓝色或绿色的了。

而如果有其他成分的物质，比如火山爆发的火山灰喷到了空气中，就会改变空气的成分，使得光线的散射出现混乱，太阳也会改变颜色。

21

火山爆发和地震一样，也是破坏性极强的自然灾害。为什么火山会爆发呢？

原因是这样的。在地表下很深很深的地方，有岩浆活动着。岩浆可不是水，是一种非常"活泼好动"的物质。但是，因为有地壳的束缚，内部的压力使得它不能随意活动。

但是，如果地壳出现了裂纹，这些岩浆就会趁机作乱了。它会连带着压力、积攒着力量，跑到地壳中比较薄弱的位置，然后找准时机，一下"冲"到外面，这就是火山爆发了。

火山，爆发啦！

炙热的岩浆从地壳薄弱地段喷涌而出。

22

火山喷发和地震都有着极大的破坏力，而且，它们还是"兄弟"呢！因为它们常会结伴而行。比如，火山喷发后不久，在周边可能有地震。而在一些有火山的地区，火山也很可能因为地震而出现喷发现象。为什么会这样呢？

其实，无论是火山喷发，还是地震，都是地球内部的活动，是地球内部能量的释放。有的时候，火山的岩浆没有足够的力量冲破地表，但是发生地震后，地表就会变得比较脆弱，岩浆也会得到一定的能量，这样它就可以"趁火打劫"了。

同样的，火山喷发时会产生一定的震动，这就会"叫醒"想要活动的力量，从而引发地震。所以，无论是火山喷发还是地震，都会有连带的灾难。也让人们认识了它们"两兄弟"。

智慧大本营

泥石流和滑坡不是一回事，滑坡有时候会有水的作用，而有时则是因为地震等原因造成的。虽然和泥石流不是一回事，但是滑坡也有着很大的破坏力。

泥石流是如何形成的？

小朋友们一定听说过泥石流吧？这是一种多发生在山区的地质灾害。为什么会有泥石流呢？

想要知道成因，先要知道什么是泥石流。看名字就知道了，泥石流是由沙石、泥土和水组成的。当然，要有一定的坡度，它们才能活动。有的地方，因为泥土松动，加上暴雨、雪水融化，就非常容易出现这种情况。

其实说到底，是因为一些地方的植被遭到了破坏。我们都知道，植物有很深的根，它们扎在土里，无形之中，也将土壤团结在了一起。没有了植物，泥土自然就会松动，这时有水流从山上流下来的时候，它们就会夹带着石头和土壤，借助水和重力从山坡滑向地面，泥石流就这样形成了。

典型泥石流

泥石流来势凶猛，破坏力极强。

泥石流形成示意

泥石流呈扇形堆积

为什么沙漠昼夜温差特别大?

小朋友们所知的沙漠一定是非常炎热的吧?但是你们知道吗?沙漠的夜晚可是非常寒冷的哦!沙漠的昼夜温差也是出了名的大呢!

我们都知道沙漠除了炎热之外,还是干旱的代名词。沙漠最缺的就是水源。水无论是从吸热,还是散热方面来说,速度都比较慢,而沙子则不同了,它们吸热快,同样散热也很快。

在白天的时候,沙子迅速吸收热量,这就使得沙漠非常炎热,就像着火了一样。但是,当太阳下山之后,沙子就会很快将热量散发出去。所以,气温一下又变得很低。这就是沙漠昼夜温差大的秘密了。

智慧大本营 ↑

沙漠中气候非常恶劣,不仅水源是问题,昼夜温差大也让很多动植物难以生存。不过,即使是这样艰苦的条件,仍旧有植物的影子,仙人掌就是其中之一。它不仅能够保存水源,厚厚的表皮也能帮助它应对沙漠多变的天气和昼夜温差。

为什么秋天会给人秋高气爽的感觉？

人们都说秋高气爽。为什么会有这种说法呢？

首先说"秋高"。到了秋天，降水变少了，是一个比较干燥的季节。水分不够充足，天上的云就少了很多。没有了云彩的遮挡，自然看起来天也变得高了。

而且，进入秋天之后，天气不再炎热。在这个季节里，小朋友们即使跑得满身是汗，因为空气很干，身上的汗液会很快变成气体飞上天。所以才会感觉清爽。这就是秋高气爽的原因。

世界各地的气候为什么不一样？

世界是一个大家庭，不过，每个地方的气候都是不一样的。为什么有的地方冷，有的地方热；有的地方干旱，有的地方又很潮湿呢？其实，原因是多方面的。

我们都知道地球是歪斜着绕太阳转圈的，这样，一年当中，南北半球接受的太阳光就有所差别，比如赤道那里总有太阳直射，而上半年北半球阳光照射得多，是春夏季，南半球阳光照射得少，是秋冬季，下半年，阳光照射的角度改变，南半球的气候开始变为春季和夏季。而这时，北半球则进入秋冬季。

另外，有的地方靠着海洋，而有的地方在内陆。空气中含有的水分就不一样，这样自然降雨就不平均了。

而且，有的地方在盆地，有的地方在高山，这些都会造成气候的差异。所以说，世界各地因为多种多样的原因，出现了不同的气候。也正是因为这样，我们的世界才如此多姿多彩。

为什么会刮风?

天气热的时候我们都喜欢用扇子扇一扇,这样就能有风。那么,大自然的风是从何而来的呢?

其实,大自然的风是空气流动带来的。空气之所以会流动是太阳起的作用。

小朋友们都知道,地球各地接受的阳光是不均匀的,再加上地形不同的原因,就使得有的地方温度较高,有的地方温度较低。

当一个地方温度高的时候,那里的空气就会膨胀,变得更轻,向空中飘,而高空的冷空气相对较重,就会下落,补充到热空气上升留下的空间。如此一来,空气就产生了流动,风也就形成啦。

暖

冷

白天风向

冷

暖

夜晚风向

风的大小是怎样确定的?

小朋友们喜欢风吗? 有的小朋友或许会说了, 那要看风有多大。没错, 我们都不喜欢大风。那么, 风的大小是怎样划分的呢?

其实, 风的大小是有标准的, 天气预报当中的"风力"就是指风的强度。一般情况下, 风会分成13个等级, 从0~12级。在2级之前的风, 我们都是感觉不到的, 只有超过2级的时候, 我们才能感觉到风的存在。超过6级的话, 风就已经很强劲了; 在7级以上, 我们连走路都不方便; 超过10级的话, 就是一种灾难了!

智慧大本营 ♠

由于空气运动的激烈程度不同, 风也被划分为不同等级, 而且都有自己的名字
(0级叫无风) 呢! 我们一起来看一下吧!

1级软风　　2级轻风　　3级微风

4级和风　　5级清风　　6级强风

7级疾风　　8级大风　　9级烈风

10级狂风　　11级暴风　　12级飓风

为什么现在很多人都喜欢登山？

登山运动对人体有很大好处。俗话说："人老脚先衰。"如果经常爬坡登山，走一走跳一跳，不仅可以锻炼人的脚力，提高关节灵活性，促进下肢静脉血液回流，消耗多余脂肪，还能预防多种心肺疾病，从而保证人体健康，延缓人体衰老。

另外，现在很多年轻人喜欢通过爬山来磨砺意志，开阔胸怀。尤其是在征服一座又一座山峰时，内心会感受到无比的兴奋、快乐和满足。当然，对于那些整日伏案的脑力劳动者来说，登山也是一种有益身心的休息方式。总之，目前登山运动正以其独特的魅力风靡全世界。

为什么高山上的风通常比山下大？

登山的时候小朋友们是不是觉得很冷啊？其实，山顶上感觉冷除了温度低之外，大风也是一个原因。为什么山脚下没有风，或者风很小，到了山顶就成了大风了呢？

这之中涉及了一种叫作摩擦力的东西。简单来说，摩擦力就是一种阻力。接近地面的地方、摩擦力很大，再加上各种各样的建筑物，高低起伏的地形，使得风的运动受到一定的阻碍，即使流动起来，威力也大大下降了。反观山顶，空气稀薄，又没有什么遮挡，空气流动快，风自然就比较大了。

为什么会发生台风和飓风？

经常看天气预报的小朋友们一定知道台风和飓风。这两种风破坏力都非常强。飓风和台风类似，都是一种风速很高的气体漩涡。

台风和飓风通常都会发生在热带海洋上，也就是海洋当中的风暴，而且夏天和秋天多雨的时候出现的概率比较大。为什么会有台风和飓风的出现呢？究其原因，有两个方面。这两种风都出现在热带海洋上，所以离不开高温和水分。

在热带的海洋上，空气湿度大，温度高时，空气中的水分就飞到了天空当中，在上升的过程当中，因为地球转动的影响，使得空气出现旋转运动。不断上升的水分遇到高空冷空气就会结成小水滴，下层的水分继续向上流动，空气的旋转会越来越剧烈，最终形成台风或飓风。

而那些凝结起来的水分，最终则会转化成暴雨。这就是台风过境时往往会伴随着暴雨的原因。

智慧大本营 ◆

台风和飓风的形成原因其实是一样的，但是，因为出现的地方不同，所以会有不同的名字。通常，台风指的是西北太平洋和我国南海的气旋，而飓风则多是大西洋、北太平洋东部和加勒比海的热带气旋。

台风眼为什么风平浪静？

台风是一个飞速旋转的气体漩涡。在漩涡正中间，是台风的风眼。虽然台风破坏力很强，但是风眼的位置却是风平浪静的，既没有大风，也没有暴雨。这是怎么一回事呢？

风眼是台风的中心，周围的空气围绕着这个中心高速旋转，由此形成了暴雨和狂风。也正是因为外围空气的高速旋转，使得旋转的空气形成了一堵"墙"，将外面的空气阻挡在外。这样，就只有外面的空气在旋转，风眼是没有空气旋转的。就像是洗衣机当中的衣服一样，它们会因为滚筒转动而贴在桶壁上，中间是空的。

而且周围的空气上升，风眼的空气却是向下沉的，所以，只有外部会有狂风暴雨，在台风的中心则是风平浪静的。

什么是龙卷风？

说到破坏力巨大的风，小朋友们想到的是什么呢？是不是龙卷风？龙卷风非常可怕，而且难以预测，所以它的出现会给人们带来很大的灾难。

龙卷风也是漩涡一样的风，但和台风不同，它能够从空中一直延伸到地面。龙卷风是因为强烈的空气对流产生的，通常会伴随雷电。由于大气不稳定，使得一部分大气强烈上升，再加上一部分过境的气流，就产生了相互作用，气流开始旋转，形成漩涡，最终形成破坏力极强的龙卷风。

龙卷风的出现是非常突然的、猛烈的，持续时间又短，在发生前没有什么征兆，所以人们对它的了解还很少，难以做出相应的预测。

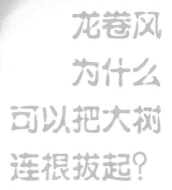

龙卷风为什么可以把大树连根拔起？

龙卷风破坏力极强，要是不小心的话，很容易被卷到空中，就连参天大树，它都可以连根拔起。到底是什么给了它这么大的威力呢？

我们可以想象一下，龙卷风就是一个高速旋转的漩涡。小朋友们都见过甩干机吧？实际上龙卷风就是空气高速旋转形成的"甩干机"。在雷雨天气的时候，空气的运动是十分活跃而剧烈的，并且高空和低空会有很大的温差。这个时候，低空的冷空气会加速向上运动，再加上高空原本的大气运动，造成了混乱，形成了很多小漩涡。当它们相遇之后，漩涡会慢慢变大，直至成为龙卷风。

漩涡的威力我们都知道了，更何况是规模如此大的空气漩涡，毁灭性自然也就不一般啦！

31

什么叫作"焚风"?

"焚风"这个名字听过的小朋友们可能不多，因为在我们生活的地方很少出现。这种风只会发生在高山地区。焚风和普通的风不一样，它经过的地方，温度不会下降，反而会升高，还有可能造成旱情。

空气在山间流动的时候，遇到了高山的阻隔，这就使得空气不得不"爬山"。在上升的过程当中，温度会不断降低，空气中的水分也凝结成小水滴降落到陆地上面来。但是在越过高高的山岭之后，没有障碍的空气就会顺着斜坡向下走，温度也会升高，但是此时的空气当中已经没有水汽了，所以刮的风又热又干，也就是焚风了。

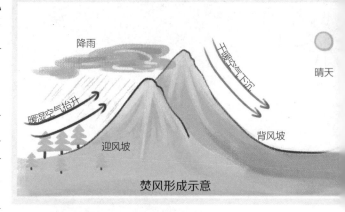

降雨　　干燥空气下沉　　晴天

暖湿空气抬升　　迎风坡　　背风坡

焚风形成示意

智慧大市营 ▲

焚风虽然在我们国家不常见，但是在阿尔卑斯山脉、落基山脉等地，焚风是很常见的，虽然它有可能造成干旱，但是如果强度不大的话，可是作物早熟的"催化剂"呢！

焚风效应强烈时，会使植物枯萎，甚至引发森林火灾。

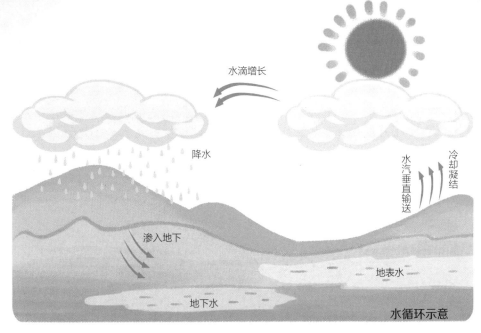

水滴增长

降水

水汽垂直输送

冷却凝结

渗入地下

地表水

地下水

水循环示意

雨究竟是从哪里来的呢？

在夏天，雨水是很常见的。小朋友们都知道，云朵和空气中都有微小的小水滴，它们聚集在一起就会下雨。云朵中的水由空气而来，那空气当中的水又是从何而来的呢？

其实，天空当中原本是没有水的，空气当中的水分都是从江、河、湖、海当中"移民"到天上的。因为水有三种形态，除了液态之外，还能变化成水蒸气。当太阳照射的时候，水吸收了热量就会变成水蒸气。水蒸气轻飘飘的，很容易上升，就这样，水分就来到了空气当中。

当水蒸气汇聚在天空当中的时候，随着高空温度的降低，就会慢慢集结到一起，形成小水滴。当水滴聚集多了就形成了云彩。云里的水滴越来越多、越来越大，直到上升气流承载不住的时候，它们就以雨水的形式再次回归地面了。

智慧大本营

虽然雨水的来源都一样，但是雨却有很多种分类。比如毛毛雨、连阴雨、太阳雨等。而且，降雨的量也是不一样的，有小雨、中雨、大雨和暴雨的区分。

总是特别清新？
雷雨过后的空气为什么

下雨天或许让我们心情不好，但是雨过天晴之后，小朋友们都会非常开心。这是为什么呢？这是因为在雷雨过后空气就会变得非常清新。

这要归功于臭氧。臭氧是一种独特的气体，这种气体颜色有些发蓝，气味有一点臭臭的，但是量少的话我们是察觉不到的。为什么雷雨过后会有臭氧出现呢？因为打雷通常都会伴随着闪电，闪电就像一个魔术师，它将一部分氧气转化成了臭氧，这样在雨后就有了臭氧的存在了。

臭氧的颜色让天空看起来更蓝，同时，它还有杀菌的作用，也是因为这个作用，才使得空气变得更加清新，使得我们才能在雷雨过后尽情地深呼吸。

智慧大本营 ♠

在大气层当中，有一个臭氧层，这一层中的臭氧浓度很高。有了臭氧层的保护，紫外线才不至于全部射到地球表面上。但是，因为环境的破坏，现在臭氧层已经出现了空洞，只有保护环境，才能让我们生存的地球更加安全。

放了我们吧，我们还要去杀灭细菌、净化空气呢！

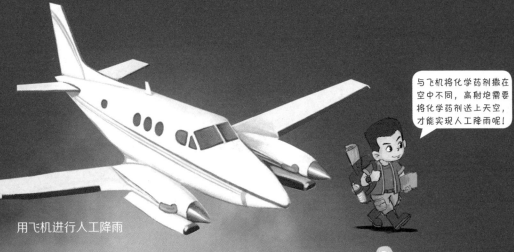

用飞机进行人工降雨

与飞机将化学药剂撒在空中不同，高射炮需要将化学药剂送上天空，才能实现人工降雨呢！

人工降雨有什么意义?

　　下雨是一种自然现象，有的时候我们实在是不喜欢，因为下雨天路会变得非常泥泞。但是，有的时候人们还会人工降雨呢！这样做有什么意义呢？

　　其实，我们再怎样讨厌下雨，雨水对我们还是有很多益处的。比如，天气干旱的时候，如果久久没有降雨的话，作物就会受到影响，空气也会变得干燥。所以说，适时地降雨是非常重要的。

　　通常，人们会将干冰等化学物质通过飞机带到天上，然后撒到空中，强制降温，促使空气中的水分凝结起来，从而形成降雨。这样一来，我们就不用担心闹旱灾啦。

智慧大讲堂

　　人工降雨主要是通过将化学药剂撒入空中实现的，用飞机带到空中只是众多途径当中的一种。除了飞机，人们还可以用高射炮、气球等作媒介，甚至还能用火箭发射呢。

③ 碘化银吸引更多云团

② 发射（打入云团）

④ 云团变成雨或雪降下来

① 检查炮弹（碘化银）

用高射炮进行人工降雨

为什么雨下多了也不好?

雨能滋润万物,带来淡水,减少空气中的灰尘,净化空气,是人类和其他地球生物的好朋友。可是,雨下多了也不好。这是怎么回事呢?

其实,这是因为雨虽然会滋润大地,利于植物的生长,可是,当雨水太多时,反而会影响植物呼吸,把植物们"淹死"。当然,雨让人讨厌的地方不止这个,还因为暴雨会造成城市积水,交通拥堵和事故;强降雨前的电闪雷鸣、飞沙走石也使人害怕;持续多天的阴雨使得食物很容易发霉腐烂。而在一些偏远山区,强降雨太多还会引发洪涝和泥石流灾害。更让人担心的是,雨水会使一些地表的有毒物质渗入到土壤里,一旦地下水被污染,那么,人类的饮用水也将成为"毒水",严重影响人类的生活和生产。

为什么最好不在雷雨中奔跑和打伞?

在雷雨天的时候,爸爸妈妈都告诉我们要离大树远远的,因为很有可能被雷电击到。毕竟雷电是很危险的。但是小朋友们知道吗?在雷雨中最好不要打伞出门,也不要奔跑哦!因为这也是非常危险的行为。

在雷雨的时候,往往有雷电相伴。打雷是一个很奇特的现象,因为在这个过程当中会有非常强烈的电流释放。其实,物体表面都有一种电荷,要是电荷紧凑在一起的话,就很容易接受雷电。街道的建筑物和树木有很多,在其中穿梭的话难保不会有雷击的危险,所以不要在雨中奔跑。虽然打伞可以防雨,但是雷电的电压加上雨水这种导电的物质,仍有可能给我们带来危险。因此,在雷雨的天气中最好找个地方躲雨,尽量不要奔跑和打伞外出。

彩虹是一种美丽的光学现象，它经常出现在雨过天晴之后，这是为什么呢？

雨后，天空中还弥漫着一些微小的水滴。当太阳光照射到水滴上，会发生折射，光的传播方向就会发生偏转。虽然太阳光看上去是白色的，但它其实是由不同颜色可见光组成的。这些可见光的波长不同，红色光波长最长，紫色光波长最

短，而波长越短，光线发生偏转的角度越大。最终太阳光被折射成"红橙黄绿蓝靛紫"7种排列整齐的可见光光环，也就是我们见到的彩虹了。

细心的小朋友们可以发现，有时在瀑布、喷泉等空气中充满小水滴的地方，也能看到彩虹呢，它们的产生原理是一样的。

天空为什么会出现彩虹？

智慧大本营 ↑

小朋友们有没有发现，彩虹颜色的深浅是不一样的。告诉你个小秘密，这是因为空气当中水滴的大小有所不同的缘故。当水滴大的时候，彩虹就会呈现出鲜艳的颜色，水滴小的话，彩虹的颜色就淡淡的。

为什么雷雨前天气特别闷热？

下雨过后，通常都会让人神清气爽，但是，在雷雨来临之前，天气却又闷又热。小朋友们一定都有过这样的体会吧？为什么会出现这样的情况呢？

哇，下降啰！下降啰！

要回答这个问题，我们要先看看下雨的条件了。小朋友们都知道，只有水蒸气上升，才能集结成雨水。

所以，下雨前的地面温度一定比较高，因为只有这样，水蒸气才会升上高空。而且，这个时候空气中的水分一定非常多。如果空气干燥，就无法达到降雨的条件。

小朋友们想一想，温度高的话，我们是不是就会流汗呢？按照常理来说，我们流出的汗会变成水汽，这是个吸热的过程。但是，此时空气当中的水分已经很多了，湿度很大，所以我们身上的汗很难散掉。所以，就会感觉到天气十分闷热。

天边的彩虹
为什么总是弯曲的?

小朋友们有没有想过一个问题呢?彩虹这么漂亮,除了它的颜色之外,还有它独特的形状。弯弯的彩虹就像一座拱桥。为什么是这样的形状呢?

其实呀,这只是我们眼睛的"偏见"而已。彩虹实际上是一个圆圈,只不过,因为地平线的阻挡,所以我们只能看到其中的一部分,也就只能看到弧形的彩虹了。

为什么彩虹会呈圆圈而不是直线呢?这是因为,小水滴都是球形的,所以光线在经过它的时候会有不同的角度,阳光射入水滴的角度以及光射出来的角度不同,再加上不同色光的折射角度不同,才有了圆弧状的彩虹。

智慧大本营 ◆

小朋友们应该都注意过,彩虹颜色的排列是有顺序的。这是因为每种光经过水滴后都会有不同的弯曲角度。其中,红色的光弯曲程度是最大的,紫色光最小。

另外,在月光强烈的晚上,还会出现一种叫作"晚虹"的奇特现象。可惜由于人类视觉在晚间低光线的情况下难以分辨颜色,所以晚虹看起来好像是白色的。

天上的雨会下完吗？

根据科学家的计算，全世界每年大约下511万亿吨的雨。当然，这个数字实在是太庞大了，所以我们可以用我国湖北省的三峡大坝（目前是全世界最大的混凝土水力发电工程）的蓄水量来做比较。现在，三峡大坝的蓄水量最高时只有393亿吨，这下小朋友们能想象到全世界每年会下多少雨了吧！这些雨水，80%流入海洋，剩余20%渗入到陆地。

既然每年下这么多雨，那么，天上的雨会下完吗？关于这个问题，科学家也进行了计算：每年从海洋蒸发的水汽约448万亿吨，从陆地蒸发的水汽约63万亿吨，这样一算，几乎和降雨量相等。所以说，我们不用担心雨会下完，因为降雨的重要条件之一就是水汽蒸发，只要有足够的水汽，那么也就会有降雨。

雨滴为什么总是斜着落下？

下雨天的时候小朋友们是不是都待在家里啊？如果观察够仔细的话，你一定会发现，雨滴总是斜着落下来，无论有没有风，雨从来都不会直着落下。

这是因为，天上的云是一直在运动着的。在雨滴准备下落的过程当中，云彩仍旧做着运动，小水滴在保持原有下落轨道的同时，也受云彩运动的惯性的影响。也就是说，由于云彩的运动，每一滴雨滴都比前一滴多运动一段距离。再加上，雨滴非常轻，在下落的时候会受到空气的影响，所以就斜着落到地面上啦。

什么是干雨？

下雨的时候总是湿漉漉的，可是"干雨"，恐怕很多小朋友别说没见过，就连听都没听说过吧？实际上，干雨开始也是降雨的过程，只不过，雨水没有到达地面，在半空中就神秘"消失"了。为什么雨水会消失呢？这是什么灵异事件吗？

其实不是的，这种情况并不是哪里都会发生的，只有在非常干旱的内陆地区才有可能发生。在这些干旱地带下雨的时候，地表的温度依旧很高，再加上空气干燥，所以水滴还没来得及落到地面，就又被高温变成水蒸气了，因此人们眼中的雨水就这样神秘"消失"了，这也就是我们所说的干雨。

什么是冻雨？

生活中，降水往往是以下雨或下雪的形式出现的。当气温在0摄氏度以上时会下雨，在0摄氏度以下则会下雪。雨湿漉漉的，雪踩上去软绵绵的，可你知道吗，下到地上的雨，有可能直接变成硬邦邦的冰呢。这种天气现象叫作"冻雨"，是一种灾害性天气。

冬天，当空气温度骤降到0摄氏度以下时，雨水在空中能以略低于0摄氏度的温度，保持一段雨滴的形态。但当它们落到地面上，会迅速结成一层光滑的冰层，影响公路交通，严重的还会影响铁路、航空安全。如果冻雨一直下，冰层会逐渐累积，由于冰有重量，它们还会压断电线，扰乱通讯，或是压断树木，阻断道路。

为什么会有太阳雨？

正常情况下，下雨的时候，太阳都躲起来了。但是，小朋友们应该见过太阳雨吧？虽然不常见，但我们都知道这是正常的自然现象。为什么太阳会和雨水同时出现呢？

其实，出现这种情况的原因有很多。一种情况是阵雨，因为雨水落到地面上，需要经过很长一段旅程，当我们感觉到雨水的时候，释放这些雨水的云彩早就消散了，所以我们才能看见藏在它身后的太阳。

另一种情况就是，降雨的云朵太小，不足以"遮天蔽日"。所以，虽然云朵还在下雨，但太阳光还是从另一个方向射进来了。

除此之外，有时大风也会为一个地方带来雨水。因为风只将降下的雨水带到一个地方，并没有带来制造它们的云，所以就会出现只有雨没有云的情况，那里的人们也就可以一边看雨一边晒太阳了。

南非可能是全世界太阳雨最常见的地方了！

智慧大本营

其实在下雨的时候，太阳一直都在，只不过是被降雨的云彩遮住了而已。通常太阳雨出现的时候，降雨量都不会很大，持续时间也往往较短。在大雨和暴雨天，是没有可能见到太阳的。

为什么夏天会下冰雹？

降雨能给炎热的夏天带来一丝清凉。不过，相信很多小朋友都见过，有时候除了雨水，冰雹也会降落到地面上。小朋友们一定都非常好奇，冬天也不过是下雪而已，这么热的天，水蒸气是怎么结成冰的呢？

其实，冰雹并不是在温度高的地面形成的，而是高空中较大的温差使得水蒸气形成了冰雹。

在炎热的夏天，地面的温度很高，水蒸气快速上升。上升到一定高度的时候，高空中的冷空气使水蒸气变成了小水滴，之后再结成冰晶。

最初这些小冰晶很轻，在上升气流的托举下，还不足以下落。之后它们会像滚雪球一般，形成冰粒，在云层当中越变越大，最后上升气流再也承载不了它们的重量时，它们便随着雨水一起落到地面上，因为体积太大，落地时还没融化，就成为冰雹。

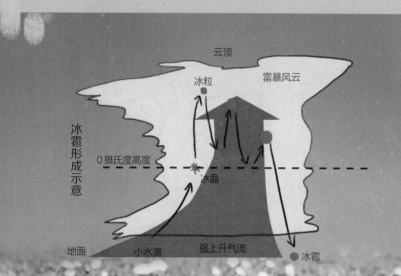

冰雹形成示意

云顶
冰粒
雷暴风云
0摄氏度高度
冰晶
地面
小水滴
强上升气流
冰雹

智慧大本营

在气象学上，把粒径不超过5毫米的叫作冰粒，把粒径超过5毫米的叫作冰雹。冰雹会给农业生产带来很大危害。据记载，世界上最大的冰雹，比拳头还大，直径超过10厘米，重量超过1千克。

贵州省的阴雨天气
为什么特别多？

　　我国的贵州省是一个非常潮湿的地方，那里的阴雨天气特别多，平均下来，每年有五分之三的天气都是阴雨天。

　　之所以有这样特别的天气，主要和贵州的地理位置及地形有关。冷空气吹向贵州的时候，因为贵州地处高原地区，所以冷空气也要经历一段艰辛的旅程才能上去。由于"攀爬"高原使得冷空气的实力下降，因此在和当地的暖空气相遇之后，双方势均力敌，冷暖空气僵持，就使得那里总是阴雨连绵了。

　　梅雨天气是我国江淮地区的特殊天气，在每年6月左右的时候，江淮流域就会有持续1个月的阴雨天气。在这1个月当中，天晴的时候很少，因为正是梅子成熟的季节，所以人们将其称为梅雨季节。

　　为什么在这个季节降水量会增加，会有持续1个月的阴雨天气呢？小朋友们都知道，冷空气和暖空气一旦相遇，就很容易出现阴雨天气。事实上，江淮一带就是冷暖气团"聚会"的地方。在每年的6月左右，海洋上的暖空气就会来到这里，而此时冷空气仍旧不愿让地盘，所以两种气流就在这里相持不下，梅雨季节也就开始了。

　　渐渐地，冷空气势力越来越弱，而暖空气则慢慢占据上风。到了这时，梅雨季节就会结束，炎热的夏季便到来了。

为什么江淮流域有梅雨天气？

带电的云　　正电荷往顶部集中

地面正电荷

为什么夏天下雨时常常会电闪雷鸣？

小朋友们都很怕打雷吧？在炎热的夏季，下雨天总是伴随着电闪雷鸣，非常吓人。神话故事里说这是雷公和电母的杰作。但是，闪电和雷声是怎样形成的呢？

小朋友们知道弧光放电现象吗？如果我们拿着两根电极，将它们彼此靠近，在电极中央就会有电火花产生。其实，闪电就类似于这种现象，只不过区别是自然中的电荷释放后就结束了，所以闪电持续的时间非常短。

积雨云当中藏着的不只有雨水，还有很多电荷，当云层上部的正电荷与下部的负电荷的电位差达到一定程度的时候，就会产生强烈的放电现象。此时，地面和雷雨云之间就成为一个电场。在这个时候，雷雨云会像火山爆发一样，释放自己的能量，将积存的电荷瞬间释放出去。强烈的放电现象会发出耀眼的光芒，也就是我们所见的闪电了。

放电的过程中，会释放出大量的光和热，使空气强烈振动，产生巨大的声响，这就是雷声了。

"先闪电后打雷"的说法正确吗?

下雨前有时会电闪雷鸣。小朋友们有没有注意过,我们总是先看到闪电,然后才听到雷声的。但事实上,闪电和雷声是同时出现的,因为它们的成因相同,都是雷雨云当中电荷的作用。那么既然是这样,为什么我们不能同时感受到它们的存在呢?

其实,这是闪电和雷声的一次较量。就像赛跑一样,光和声音也在比赛。而且,光永远是胜利者,因为它在空气当中的传播速度比声音要快许多。所以,它总是能占据第一的位置,让我们先注意到闪电,随后,雷声才跑到我们耳边,我们才知道它的存在。也就是说,它们两个是同时起跑的,只是雷声的速度慢而已。所以,"先闪电后打雷"的说法不正确哦!

为什么会出现"光打雷不下雨"的现象?

雷声多半会伴随着雨水到来,但有的时候也会有"光打雷不下雨"的情况出现。为什么雷声要骗我们呢?

我们已经知道,雷声的出现和积雨云有关系,那为什么打雷了反倒没有雨水的影子呢?其实,并不是雷声骗了我们,而是因为降雨的范围不够大的缘故。简单地说,这和声音的传播有关系。一般情况下,雨水集中在积雨云的中部,在边缘地区,降水是很少的。但是,雷声大作的时候,声音往往可以传播很远,不仅在积雨云的边缘,甚至在积雨云范围之外,都能听到雷声。

所以,有的时候,没有降雨的地方也能听到雷声,这并不意味着没有降雨,只是积雨云的中心不在这里罢了。

孤立高耸的物体为什么容易遭雷击？

小朋友们都知道一个道理，就是在打雷下雨的时候不能站在树下面。其实，不只是大树下面不安全，只要是在独立高耸的物体下面都非常危险，比如电线杆、尖塔、旗杆等。这是为什么呢？

原来，这些孤立的高物都非常容易遭雷击。这是因为，当积雨云准备释放电荷的时候，孤立的高物上会有很多感应电荷聚集。也就是说，感应电荷喜欢聚在尖端。这些感应电荷对云朵中的电荷有着致命的吸引力，所以当云朵中的电荷跑向地面的时候，优先的位置都是这些孤立的高物。这就是这些地方非常容易遭受雷击的原因。小朋友们一定要注意安全，在有雷雨的时候要离这些地方远远的呀！

智慧大本营

相信小朋友们对避雷针都不陌生，在一些高的建筑物上面都有。避雷针是一根可以导电的金属棒，通过金属棒将雷电引导入地下，以此来保护建筑物不受雷电的侵害。

电闪雷鸣对农作物有好处吗？

小朋友们都不喜欢电闪雷鸣吧？听起来、看起来都很怕人。但是你们知道吗？农作物们可是非常欢迎雷电的呢！雷电对它们有什么好处吗？

答案是有好处。虽然听起来雷电和农作物没有什么直接的关系，但其实不然。我们都知道，农作物在生长的过程当中需要养料，氮肥是其中不可或缺的一种。而雷电的作用可以将空气中的氮和氧合成氮肥，这对于农作物来说可是免费的肥料呢！

除了免费的肥料之外，雷电还能促进农作物生长。雷电发生时，从天空到地面就形成了一个巨大的电场，电场强度高达每厘米数千甚至上万伏，在如此大的电位差影响下，作物的光合作用和呼吸作用增强，代谢旺盛，生长速度加快。

除此之外，雷电还能额外提供免费杀毒的服务。因为雷电是一种放电反应，空气当中的一些病菌在这个过程中会被"电死"，这样农作物的安全就有了保障。

智慧大本营

中国清朝晚期有一位叫徐寿的化学家，他第一次把氮译成中文时曾写成"淡气"，意思是说，它"冲淡"了空气中的氧气。虽然氮对农作物很有营养，但是也不能过量，否则将大大影响农作物的产量。

在冬天为什么会下雪?

　　不知道小朋友们有没有一个疑问,为什么夏天的雨,到了冬天就变成雪了呢?其实,这和水的不同形态有关系。小朋友们都知道,水除了保持液态之外,还能成为水蒸气或是冰。它的变化取决于温度,这样一来,冬天下雪就不难理解了。

　　冬天是四季当中气温最低的季节。当气温低于0摄氏度时,水想要降落到地面的话,就要以固体的形式达成。因为天气寒冷,所以云彩当中的水蒸气难以维持水的形态,进而结成了小冰晶,降落到地面上。这也就是我们看到的雪了!

为什么北方冬天有树挂?

　　在北方生活的小朋友们一定见过树挂,到了冬天寒冷的时候,树枝上就会被一层"白雪"所包裹,银装素裹,别提有多漂亮了。树挂看起来也是白白的,跟雪有什么关系吗?

　　其实,树挂并不是树上的积雪,但树挂的成因跟雪差不多,也是水结成的小冰晶。我们都知道,冬天空气中的水分含量也不低,有时还会出现雾。但是,因为温度低,所以它们和夏天的露珠不同,会结成很小的冰晶,之后随风飞散,凝结或飘落到树枝或电线上,积少成多,就成为树挂了。

智慧大本营

　　树挂一般指雾凇。吉林雾凇是非常有名的景观。吉林雾凇姿态十分优美,冬季旅游漫步在松花江岸的街道,欣赏雾凇,别有一番风味。

初冬时为什么会结霜？

在冬天的早晨，小朋友们出去玩的时候，有没有注意过，很多物体都穿上了一层洁白的"衣服"，即使不出门，窗户上也有一层霜。霜究竟是什么呢？

其实，霜相当于夏天的露珠，只不过是另一种形态罢了。在冬天的时候，因为气温很低，所以空气当中的水蒸气就会变成无数的小冰晶，附着在物体上面。这也就是为什么小朋友们看不到下霜过程的原因了。因为它不是从天上来的，而是由我们周围空气当中的水分凝结成的。

由于霜的形成需要水分，所以只有空气湿润的时候才会有霜。而且，恒温的状态下，霜的形成并不明显，较大的温差更容易形成霜。比如家中的窗户，因为屋子中的温度很高，所以水蒸气会飘散到窗户上，遇到外面的冷空气，就结成霜了。

智慧大本营 ▲

一般霜都是在夜间形成的，因为昼夜之间也存在温差，通常夜间温度较低，更容易形成霜。霜是很多微小的冰晶，到了白天的时候，如果有阳光的照射，霜就很容易再次变成水蒸气，不过在一些见不到阳光的地方，霜是终日存在的。

雪为什么可以保护庄稼?

雪非常冷，小朋友们肯定都发现了，玩一会儿雪，手就会冻得通红通红的。可是，民间却流传着一句话，叫作"瑞雪兆丰年"，也就是说，雪是庄稼的福音。为什么这么冷的雪可以保护庄稼呢？它们不会被冻死吗？

原来，雪就像一层棉被一样。虽然雪是冰冷的，但是冬天的低气温比雪更可怕。雪覆盖在农作物上面，就像一层天然的棉被，将外面的冷空气和农作物隔离开了。这样，地面散发出来的热量不至于散失，雪起到了保温的作用。

除此之外，雪中还含有氮化物，也就是说，它能够提供作物生长所需的氮肥。当雪融化之后，雪水的低温还可以冻死那些越冬的害虫，以此来保护作物好好过冬。

智慧大本营 ♠

雪花有多重呢？其实，单个雪花的直径一般在0.5～3毫米之间，3000～10000个雪花加在一起才有1克重呢。有科学家曾粗略统计过，1立方米的雪里面有60亿～80亿个雪花，比地球上的总人口数还要多。

其实，不止雪花是六边形的，就连组成雪花的小冰晶都是六边形的，只是我们很难用肉眼观察到而已。水分子是先形成六边形的小冰晶，再结合在一起形成六边形的雪花。

雪花为什么都是六边形的？

　　小朋友们有没有注意过雪花呢？它们可不是球形的颗粒，而是一个个美丽的六边形。为什么雪花的形状这么特别呢？

　　这还得追溯到它的源头，也就是水分子。水是由无数的水分子构成的，当然，我们肉眼看不到，只能通过显微镜进行观察。水分子遇冷结晶时，形成六边形的小冰晶，而雪花则是凝结无数小冰晶而逐渐"长成"的，因此也就"长成"了六边形。神奇的是，这些六边形的雪花，片片都不一样呢！不信小朋友们就拿放大镜仔细观察一下吧！

不干净的雪为什么比干净的雪容易融化？

　　小朋友们有没有注意过雪的融化过程呢？那些纯白的雪总是比路边沾了灰尘的雪融化得慢，这是为什么呢？

　　我们可以想象一下，纯洁的雪就像是一个团结的集体，它们都抵抗融化。而掺了杂质的雪就不一样了。因为团体不够团结，那些灰尘杂质吸收了太阳光的热量，然后散发到整个集体当中，整体就融化得比较快了。

　　另外，我们也可以从颜色这方面来看。在所有颜色当中，白色是最不善于吸收热量的，而且还能反射阳光，所以不容易融化，而有杂质的雪通常看起来都是灰色甚至是黑色的，这样更容易吸收热量，自然也就更加容易融化了。

雪为什么是白色的呢？

到了冬天，四处银装素裹，别提多漂亮了。可是，水是透明的，冰也是透明的，既然雪是由水变来的，由很多小冰晶组成，为什么它偏偏呈现出白色，而不是透明的呢？

其实呀，所有物体的颜色都离不开光的作用，雪也是这样子的哦！我们知道，光在照射一个物体表面的时候，有的光线会被反射。雪花是六边形的，由很多小冰晶组成，冰对各种颜色的光反射程度几乎是一样的，而可见光的混合颜色就是白色，所以最终呈现在我们眼中的雪花就是纯白无瑕的了。

雪花还有别的颜色吗？

世界这么大，真是无奇不有。那么，雪花有没有这种可能：它们的颜色不是白色，而是变成了其他颜色呢？比如红色、黑色、黄色。这看起来很不可思议，可它们确实存在着。

1969年12月24日，在北欧斯堪的纳维亚半岛上的瓦腾湖附近下起了雪。令人吃惊得不断吐舌头的事情发生了——地上竟然是一望无际的黑雪，那种油腻得好像糖炒栗子锅里炒黑了的砂子似的黑雪，粘在衣服上，把衣服都染脏了。另外，英国的苏格兰曾经也下过几次黑雪呢！其实，黑雪的形成是因为雪花被其他物质污染，比如杀虫剂和煤烟。

另外，在我国还出现过红色的雪和黄色的雪。红雪曾出现在我国西藏东南部察隅地区。据冰川学家分析，由于印度洋西南季风有时会带来很多非常细小的红色水藻，这些红藻附在雪花上降落下来，就会把雪映得红艳艳的，好像天女撒落的红色花瓣一样。而在我国天山东段和阿尔泰山上，有时飘落下来的雪花是黄色的。这是因为雪花夹杂着从沙漠里卷扬起来的黄色沙尘的缘故。

为什么下雪以后
总觉得特别安静?

救命!

下完雪,真安静。

在下雪的时候,如果一个人待在外面,小朋友们有没有一种特别安静的感觉呢?这不会是错觉吧!

可以肯定的是,这并不是小朋友们的错觉哦!在下雪天的时候,确实会比平时安静许多。这是因为,雪的质地非常轻,落在地上很蓬松,这样一来,在雪层当中,就会有很多孔和缝隙。

声音和光线一样,传播的方向是会发生改变的。声音在进入雪层之后,就像进入了一个大迷宫。因为雪层孔隙很多,声音的传播方向会多次变化,最终会被积雪完全吸收掉。所以,在下雪天的时候我们就会觉得比平常安静许多。不是没有人吵闹,而是声音都被雪花"吃掉"啦!

虽然下雪很冷，但是小朋友们肯定都有切身的体会，就是下雪的天气没有化雪的天气冷。这是怎么一回事呢？

这是因为，在下雪之前，冷空气并不能占领主导地位，即使到来了，也会因为长时间的停留和阳光的照射，渐渐变成暖空气。再加上云层的保护，热量并不会散发得很厉害，所以气温是可以保持的。

下雪之后的情况就完全不同了。下雪的时候，冷空气渐渐占据主导地位。当皑皑白雪覆盖路面之后，阳光会因为白色不吸热而折回空中。大风刮来的时候，保温的云层也被吹散了，热量就散失得比较厉害。而且，雪化的时候会从地面吸收热量，使得温度变得很低，天气就更冷了。

雪花为什么有的大有的小呢？

有时候，雪花像羽毛从天空飘落，雪片也非常大；有时候，雪花像牛毛雨，簌簌落下，雪片非常小。为什么雪花会有大有小呢？

其实，雪的大小完全取决于结晶时的温度。当气温比较高时，雪花晶体很容易互相抱成一团，当晶体越来越多时，雪片就越大。可是，当气温很低时，雪花晶体就很难连接在一起，它们小小的，落在地上几乎看不见、分不清，只有在阳光下人们才会看到，它们正像金刚石粉末似的闪烁着。

所以，雪花也告诉我们：当它们越大时，表示气温越高；当它们越小时，表示天气越寒冷。

智慧大本营

光的速度在真空当中是一个不会改变的恒量，数值是 $3×10^8$ 米/秒。由此，人们得出了光速不变原理。不过，在地球上，因为传播介质的不同，光速还是有可能发生改变的。

小朋友们说说，这个世界上谁跑得最快呢？答案可不是博尔特，而是光！这个答案小朋友们应该不意外吧。告诉小朋友们吧，光的速度是最快的，而且没有被超越的可能！为什么这么说呢？

这可不是说大话，而是有理论依据的。虽然说物体的运动和质量没有什么关系，但是物体运动提速的时候就和物体的质量有关了。在提速的过程当中，物体所需的能量和它的质量呈正比，也就是说，物体质量越大，提速时所需的能量就越大，质量越小的物体提速起来越容易。

至于光，没有任何东西比光子更轻了，因为光子根本一点重量都没有。一种没有重量的粒子，自然速度要快过一切啦！

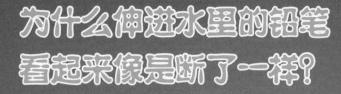

为什么伸进水里的铅笔看起来像是断了一样？

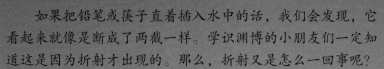

如果把铅笔或筷子直着插入水中的话，我们会发现，它看起来就像是断成了两截一样。学识渊博的小朋友们一定知道这是因为折射才出现的。那么，折射又是怎么一回事呢？

折射是光传播的一种现象。光可以在透明的物体中传播，比如空气、水和玻璃等。但是，在不同的物质中，光的传播速度也是不同的。举例来说，我们在空气当中奔跑，一定比在水中游要省力、要快一些。光也是如此。在进入不同物质的时候，光的速度发生了改变，同时方向也会出现偏差。这就是光的折射了。正因为光的折射原理，插入水中的铅笔看起来才会像断了一样。

在山谷里说话为什么会有回声呢？

小朋友们都知道回声吧？尤其在山谷当中，大叫一声的话，会有"人"重复我们的话呢！

这种现象和声音的传播方式有关。声音和光线一样，都是直线前进的，当遇到障碍物的时候，它就会折回。也就是说，回声无处不在，只不过，有的时候我们距离障碍物较近，声音返回得很快，回声和原音重叠在一起，我们听不出来。

在山谷当中就不一样了，山谷非常空旷，我们不知道前面的障碍物在哪里，当声音遇到障碍物的时候就折返回来，也就进入我们的耳朵了。更有意思的是，有的时候声音会从好几个地方折返，所以我们能听到很多次回声。

在高山上水真的烧不开吗？

　　小朋友们有没有在高山上野炊过呢？你也许不知道，其实在高山上烧水，是没办法烧到100摄氏度的。为什么会有这样怪异的现象出现呢？

　　要解释这个现象，不得不从大气的压强说起。看吧，大自然方方面面都有联系。压强，就是单位面积所受到的压力。空气也是有压力的，空气所造成的压力就是大气压。高山上空气稀薄，大气压也比较低。正是过低的大气压造成了高山上水烧不开这一现象。

　　下面我们来说说水的沸腾。小朋友们都知道，沸水的温度是100摄氏度，在正常情况下，水到了100摄氏度之后就会沸腾，温度也不会再升高了，这就是我们通常所说的水开了。而100摄氏度则是在通常条件下水的沸腾点，专业的说法叫作"沸点"。

　　但是，水的沸点是会根据大气压的变化而变化的，大气压变小，水的沸点也会变低，大气压增高，水的沸点也会增高。也就是说，在高山上大气压过低的情况下，水很快就会沸腾，就算再加热也到不了100摄氏度。

三角形是最稳固的形状吗？

小朋友们知道最稳固的形状是什么吗？告诉你，是三角形哦。世界上再也找不到第二个如此稳固的形状了。比如自行车的大梁，比如一些很高的铁塔，都是由三角形构成的。为什么三角形最稳固呢？

在形状的世界当中，边越少的图形越稳固，越不容易变形。我们试着想一下，一个四条边组成的形状，我们可以任意拉伸，让它变形，这是因为每条边对应着两个角，这样角度就可以互补，进行改变，一个角变小，另一个角就会相应地变大。但是三角形不一样，三角形每条边只对应一个角，也就没有了改变的余地，所以，三角形最稳固。

小朋友们仔细想想就知道了，两条直线是无法组成一个图形的，基于边最少就最稳固的道理，三角形当然就成为最稳固的图形了。

水为什么不能燃烧？

水不可以燃烧，这是一个最基本的生活常识。但是小朋友们有没有思考过，为什么水不具备燃烧的条件呢？汽油和酒精都是透明的液体，为什么它们就可以燃烧呢？

想要知道原因，我们就需要了解燃烧究竟是怎么回事。燃烧的过程就是物质接触氧气，在一定条件下产生的现象，是一种化学反应。酒精、汽油等液体当中都含有碳和氢，在与氧气进行反应后，氢和氧合成水，而碳则通过燃烧变成二氧化碳。可以说，含有碳的物质大都可以燃烧，而水则由氢和氧构成，其中没有碳的存在，而且氢和氧已经反应完全了，再与氧气相遇也无法发生反应，所以水无法燃烧。

智慧大本营 ▲

在我们的认知当中，氧气可以说是燃烧所必需的条件。但是，万事无绝对，有的物质和氧无法出现反应，水就是最佳的例子，它不可燃。另外，还有钠和氯这样奇特的物质，它们二者相遇也能燃烧，无需氧气的支持。

小朋友们都玩过土电话吧？用一根绳子穿上两个纸杯就完成了，这意味着声音不止能在空气中传播，线也能成为声音的"跑道"。不仅是线，水、泥土等都可以传播声音，而且最让我们想不到的是，声音在空气中的传播速度竟然是最慢的！

其实，世界上的万物都是由非常微小的分子组成的，每个分子都有自己的平衡位置，如果其中的一个分子"脱轨"的话，周围的分子就会将它"归位"。

声音其实就是通过分子从"脱轨"到"归位"这个过程来传播的。所以，如果分子的反抗能力较强的话，就更利于声音的传播，声音传播的速度也就比较快。很显然，空气中的分子最为稀疏，"脱轨""归位"能力最差，所以声音在空气中传播的速度也就最慢。

声音为什么在空气中传播最慢？

就像小猫会回头追逐自己的尾巴一样，我们也时常会因为一个问题感到困惑，那就是，为什么我们总会被影子追着呢？它就像我们的小尾巴一样，怎么样都甩不掉。这是怎么回事呢？

其实，这是一种光学原理。虽然我们能够看到太阳，但是我们看不到阳光。事实上，阳光可以看成一条条直线，它们的一端在太阳那里，另一端在地球。阳光可以穿过透明的东西，但是，当它遇到不透明的小朋友们的时候，就闯不过去了。而边上的阳光仍旧在前进，直到到达地面。所以，地面上就会有一块和我们轮廓相同的黑色地带，也就是我们的影子了。

也就是说，只要有光照在我们身上，我们的身边就一定会有影子跟随的。

影子为什么总爱跟着我们，甩也甩不掉？

为什么磁铁的中部没有磁力？

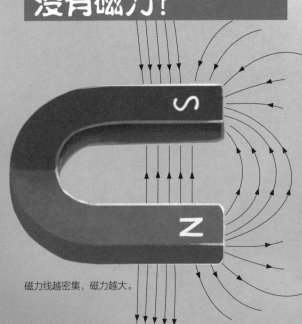

磁力线越密集，磁力越大。

小朋友们都玩过磁铁吧？它很神奇，同极相斥，异极相吸。但是小朋友们有没有发现一个现象，就是马蹄形磁铁的中间弯弯的部分是没有磁力的。这是为什么呢？难道它不是磁铁的一部分吗？下面我们就来解答这个问题。

在磁铁当中有很多我们看不到的磁力线，它们是曲线的形状，而且是一些闭合的曲线，磁铁周围的磁力线从N极走向S极；而磁铁内部的磁力线则从S极走向N极。最重要的是，磁铁两极的磁力线最密集，而中部弯弯的地方磁力线最稀疏。因此两端的磁力很大，中间的磁力很小，甚至没有磁力。

为什么磁铁

烧红后
磁力
会消失？

　　有没有小朋友试过给磁铁加热呢？告诉你们一个有意思的现象吧，如果将磁铁加热，到它变红之后，磁力就会离奇地消失哦！

　　要想解开答案，我们首先要知道磁性是什么，它是怎么产生的。

　　在我们所生活的这个世界上，物质由分子构成，分子由原子构成，而原子，也可以进一步分解成为电子和原子核，电子围绕着原子核运动。磁铁上是存在磁场的，这个磁场就像一个"军官"，在它的命令下，电子会按照应有的磁场运动。这就是磁力的由来。

　　但是，当加热之后，这些电子除了外界的磁场外，又多了一层影响，温度的升高使得电子们表现得非常烦躁，不会好好地按照磁场的口令行动了。没有了规律的运动，磁力也就消失了。但是，磁力的消失并不是永久的哦，只要温度冷却下来，磁铁中的电子还会重新老老实实地听候磁场的调遣！

智慧大本营 ▲

　　其实，世界上的很多物质中都有磁性的存在，只是大多数都不太明显罢了。这是因为那些磁性不明显的物质内部电子运动不规律，所以电子运动所产生的磁效应会相互抵消掉。也就是说，只有所有分子中的电子都统一"行动"的时候，才会产生磁力。

2+2=4 全世界的孩子为什么都要从小学数学?

数学在小朋友的课程当中算是一门比较复杂的学科了，很多小朋友都对这一科目头痛不已。但是，为什么无论哪个国家的小朋友，都要从小学习数学呢？

其实，数学也是一门语言，是我们认识世界、了解世界所不可或缺的。虽然数学在我们看来非常抽象，但是，世界上的很多科学都离不开数学这门基础语言哦！数学当中的元素有很多，从数字到图形、再到各种命题和公式、论证等，囊括了世间万物的各种关系，从空间到数量，无所不包。

而且，数学学习可以发散我们的理性思维，让我们学会分析、思考，对我们的未来有着至关重要的作用。这样看来，数学是不是很重要呢？所以，我们一定要学好数学，才能真正踏入科学的领域哦！

谁发明了阿拉伯数字?

我们现在学习的数字0、1、2、3、4、5、6、7、8、9，又叫作阿拉伯数字。不过，这套数字其实不是阿拉伯人发明的，而是古代印度人发明的。

古时候，印度人把一些横线刻在石板上表示数，一横表示1，二横表示2，三横表示3……后来，有人把一些笔画连了起来，比如，把表示2的两横写成Z，表示3的三横写成E等。再后来，一位叫堪克的数学家携带数字书籍和天文图表，随着商人的驼群来到了阿拉伯。这时，中国的造纸术正好传入阿拉伯。于是，数学家的书籍很快被翻译成阿拉伯文，在阿拉伯半岛上流传开来，而阿拉伯数字也随之传播到阿拉伯各地。

当这套数字由阿拉伯商人传入欧洲时，欧洲人非常喜欢，就把这套数字称为阿拉伯数字。虽然后来澄清了这个大误会，可由于习惯问题，一直没有改正过来。

π=3.141592...

为什么 π 的值永远也算不出来？

小朋友们认识π吗？它的名字叫作圆周率，是一个非常神奇的数字，因为谁也无法精确计算出它的数值，包括世界上最伟大的数学家。是不是很不可思议呢？

小朋友们不要以为这是科学家们无能哦，而是圆周率实在是太特别了。现在已经确定，这个值只能无限地演算下去，但是永远也不能求出准确的值来！这是因为，π是一个无限不循环小数。没有循环，也就没有规律可言，数学的世界是非常广阔的，数值没有极限，所以，这个数值我们只能一直演算下去，只能越来越接近，却永远也不可能算出最终的数值来。

在夏天人们为什么常爱穿浅色衣服呢？

小朋友们有没有发现一个现象，就是到了夏天的时候，人们都喜欢上了浅色的衣服，而在冬季，人们则更加偏爱深色的衣服。为什么季节一变，人们的喜好也随之改变了呢？这是因为浅颜色的衣服穿起来比较凉快，深颜色的衣服穿起来热的原因。

问题来了，颜色和温度有什么关系吗？答案是肯定的。我们都知道，太阳会将光送到地球上来，其实，每种物体都会吸收光，只不过，吸收的程度不相同。当光线照射到物体表面上的时候，这个物体会吸收一部分光，同时也会拒绝吸收一些光。比如，红色的物体会拒绝红色光，绿色的物体会拒绝绿色光。

黑色会吸收所有的光线，包括产生热量的红外线；与之相反，白色会反射所有的光线。所以，颜色越深、越接近黑色的衣服越吸热；而接近白色的浅颜色衣服则不太吸热。因此在夏天，要想穿得凉爽，浅色衣服自然是最好的选择啦！

欧几里得

科学家是怎样测出金字塔的高度的？

现在想要测算一个物体的高度，不是什么难事，因为有很多公式。但是，在很久以前公式还没有发明出来的时候，要想准确测出高大的金字塔的准确高度就不是一件容易的事了。不过，古人也是非常聪明的，早在公元前300多年的时候，科学家们就测算出金字塔的高度了。

这是怎么做到的呢？这还要归功于科学家的智慧了。测算出金字塔高度的人叫欧几里得。当时，他苦思要如何测算金字塔的高度，偶然间，他发现一天中有一个时间里，自己的影子和自己的身长是相等的，有了这个灵感，他等待时机，通过测算金字塔的影子，算出了金字塔的高度。

怎么样，人类的智慧是不是无穷尽呢？小朋友们只要多开动脑筋，说不定也会有什么惊人的发现呢！

快量量，我的身高是不是和影子一样长！

你还挺有试验精神呢！

为什么玻璃和冰会是透明的?

小朋友们有没有发现，很多液体都是透明无色的，比如酒精和水。固体当中，玻璃和冰也是透明的。这似乎是再正常不过的现象了，但是不知你有没有思考过，为什么玻璃和冰就是透明的呢?

其实，物体呈现的颜色和光有着不小的关系。光有着一定的穿透性，但是，有的物体会将一些光吸收掉，或者反射到我们的眼中，这样虽然我们可以看到物体的颜色，但是却看不到物体的另一面。

冰和玻璃的特性比较特殊，这两种固体虽然能够反射阳光中的紫外线，但是却可以让大部分光线顺利通过。虽然在通过的过程当中光线的方向会出现一些偏差，速度会减慢，但最终还是会突破重重难关，从一边照射到另一边。所以，在我们看来冰和玻璃就是透明的了。

智慧大本营 ↑

大部分的液体都是透明或半透明的。为什么会这样呢? 光为什么能够通过它们呢? 这要从液体分子排列说起。因为液体当中的分子排列较为随意，有很多缝隙，能够让光通过。所以液体就是透明或者半透明的了。

晶莹剔透，五光十色的冰雕就是用这种大型冰块雕刻而成的。

为什么能用肥皂水吹泡泡？

小朋友们都吹过泡泡吧？有的小朋友甚至自己制作过吹泡泡的肥皂水。为什么用水不能吹泡泡，加上一些肥皂液就可以了呢？

这个问题涉及了一种叫作表面张力的力量。水由无数的水分子构成，它们紧紧地抱在一起，所以，水的表面张力很大。泡泡中间需要填充空气才能形成，但是，由于水分子之间张力过大，团结过于紧密，所以无法形成泡泡。加入肥皂水可以减小水的表面张力，这样就能顺利地将空气填入其中。

在肥皂水当中，还有一种叫作硬脂酸盐分子的东西，它个头大，是一种很神奇的物质。在空气吹入泡泡当中的时候，这种分子就会发生作用，它们就像橡皮筋一样，可以拉伸，不至于分开，这样，就使得肥皂水成为一个弹性较好的"皮衣"，气体也能注入其中，泡泡自然就出现啦。

智慧大本营 ↟

事实上，如果我们刻意为之的话，肥皂泡也能呈现出不同的形态，比如用一个圆环，沾满肥皂水之后，猛地向上拉起，肥皂泡就会是圆柱形的。当然，这样的形态不如圆形气泡保持得持久，很快就会破裂。

体重为什么会因地点的不同而不同?

小朋友们经常测量自己的体重吗?体重的增加或减少代表着我们究竟是胖了还是瘦了。但是,有的时候体重并不能代表一切哦!因为在不同的地点,体重也会有所不同!

小朋友们或许不曾注意过,如果我们所处的纬度改变了的话,体重就会有所改变;所处的高度不同,体重也会出现差异。这是为什么呢?原来,我们的体重与地球对我们的引力是分不开的。地球的引力会因地点的不同而不同,我们的体重也会随之发生变化。比如,纬度高的地区地球引力较大,所以我们如果到了南极或北极的话,体重就会增加。而像高山一类的高海拔地区因为距离地面较远,所以重力较小。也就是说,在越高的地方,我们体重也就越轻。

不过,这并不是说我们测量体重的数据不准确,因为我们活动的范围纬度变化很小,地势差异也不大,所以数据还是较为精准的。

伽利略

物体的下落速度和重量有关系吗?

　　如果有两个球,一个重,一个轻,在高处同时撒手的话,哪一个会先落地呢?肯定有很多小朋友认为是重的先落地。如果你也这么觉得,那你可就错了。因为科学家已经做过了实验,给出了一个答案,结果证明,物体的下落速度和物体本身的重量是没有关系的。

　　为了研究这个问题,伟大的科学家伽利略做了大量的实验。他站在比萨斜塔上面,拿着一大一小两个铁球,并同时把它们抛下,结果两个铁球同时落地。伽利略又用其他材质的物体进行了这个实验,同样,虽然重量不同,但几乎也都是同时落地。这个实验说明,下落运动与物体的具体特征并无关系。无论木制球或铁制球,如果同时从高处下落,它们将同时到达地面。

　　伽利略的实验推翻了亚里士多德"物体下落速度和重量成比例"的学说,纠正了这个持续了1900多年之久的错误结论。

为什么有些原子具有放射性?

原子的放射性对人体有很大的危害。那么小朋友们有没有想过，那么微小的原子，为什么会有放射性呢?

原来，世界上的万物都是由非常微小的分子组成的，而分子则由原子组成，原子细分的话就由电子和原子核构成，至于原子核，则是由质子和中子构成的。

原子是否具有放射性，主要取决于它本身是否稳定。如果原子核较小的话，原子核中质子之间的排斥反应就不会很明显，这样的原子就会比较稳定。但是，如果原子核较大的话，结构就会特别复杂，进而变得很容易裂开。原子核在裂开的时候会释放自身的能量，这些被释放出来的能量就是我们所说的放射性。

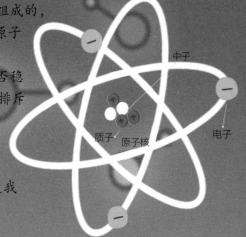

铁为什么不会溶于水?

水在我们看来是没有腐蚀性的，但是很多物质还是可以在水中溶解的。比如盐、糖这样的颗粒，或者是钠这种活跃的金属。但是，为什么铁放到水中就不会被溶解呢?

我们可以试着将铁和水看作是两个集体。铁当中的所有粒子都紧紧地抱在一起，将它们放进水里，就等于将它们放入了另一个集体当中。要想让铁溶于水，那么水当中的粒子就要破坏掉铁当中的粒子之间的关系，然后和铁粒子进行重新组合，这样才能获得一种新的溶液。

但是，铁粒子们非常团结，水粒子没有足够的能力去"劝说"铁粒子脱离集体。因此，铁也就不会溶于水了。

很显然，硬币是非常小而轻的东西，但是小朋友们知道吗，如果将它从几百米高的地方扔下来的话，就会对我们造成很大的伤害哦！别看它又小又轻，从高空扔下来一样能够砸伤人！这是怎么回事呢？

硬币之所以能够砸伤人，和质量关系不大，因为它很轻，是下降过程中不断增大的速度给了硬币强大的杀伤力。

这并不难理解。小朋友们想想啊，子弹为什么能伤人呢？如果只是用手丢的话，肯定没有什么杀伤力，正因为枪给予了它极大的动能，让它以极快的速度冲向目标，它才能够伤人的。高空的硬币也是这个道理。

从高空坠下的硬币做的是加速运动，在落地之前它的速度会越来越快，虽然比不上子弹，但也足以对我们造成一定的伤害了！

一枚硬币从几百米高的地方掉下来会不会砸伤人？

小朋友们一定不要从高空丢弃物品，以免伤到他人。

钻石为什么那么硬？

小朋友们见过钻石吗？在妈妈的钻戒上就可以找得到。虽然钻石看起来和玻璃一样通透，但是它的价值可比玻璃高多了，而且它的硬度就连金属都难以匹敌。

为什么钻石如此坚硬呢？

组成钻石的元素并没有什么特别，只是最普通的碳元素而已。钻石之所以坚不可摧，这跟组成钻石的碳原子的排列方式有关系。虽然石墨和钻石都是由碳构成的，但是钻石当中的碳原子以一种三维结构紧密地排列在一起，这使得钻石的密度比石墨大许多。而石墨中的碳原子排列却不够紧密，所以钻石异常坚硬，而同为碳元素组成的石墨则很软。

为什么钻石会有很多种颜色呢？

钻石非常漂亮，可以说是最受人们欢迎的珠宝。钻石大部分是无色透明，或者微微带一些黄色的，除此之外，还有一些稀有的有鲜艳颜色的彩色钻石，比如，蓝色、黄色、粉色、绿色，甚至是黑色。

我们知道，物质是由原子组成的。当钻石中含有硼原子时，会呈现出蓝色；当钻石中含有不同聚合态的氮时，会呈现出黄色或棕色；由于受到辐射等因素，钻石中原有的碳原子发生移位，则会呈现出粉色。怎么样，是不是很神奇？

没有加工的钻石称为钻坯，就像没有装修的房子一样，看起来很不起眼，只有经过一道道切磨、加工，才会变得熠熠生辉。

舞台上为什么会冒出烟雾?

很多小朋友在看电视或者在剧场看演出时,都会见过这种情景——舞台上突然冒出烟雾,演员们似乎变成了生活在天界的神仙,看起来十分神奇。其实,舞台上的烟雾并不是真正的"烟雾",更不会是舞台下面着火了,而是一种特殊的气体,这种奇特的主要制造者就是干冰。

前面讲过,二氧化碳是一种气体,

是植物们最喜欢吸收的,而干冰就是固态的二氧化碳。

干冰升华成二氧化碳,需要吸收大量的热,这使得空气中的水蒸气受冷凝结成小水滴,最后就形成了烟雾的效果。

"干冰"到底是不是冰?

小朋友们见过干冰吗?人工降雨就有它的一份功劳哦!不过,别看它名字当中有一个"冰"字,它实际上却不是一种冰。这是为什么呢?

我们都知道,冰是由水凝结而来的,但干冰的原料却不是水,而是固态的二氧化碳。人们依靠降温和增大压力的方式将气体二氧化碳转变成为固体二氧化碳,因为固体二氧化碳看起来是白色的,所以我们才叫它"干冰"。

不过小朋友们要注意了,虽然它不是冰,但是它的温度非常低哦。要是直接用手触碰的话,一定会被冻伤的!而且,如果将干冰放到常温下,它会很快变回气体的状态,消失得无影无踪!

黑色金属是黑色的吗?

听名字，人们常常会误以为黑色金属一定是黑颜色的金属，其实并不是这样的。黑色金属只有三种：铁、锰、铬，而它们三个都不是黑色的！纯铁和锰是银白色的，铬是灰白色的。因为铁的表面常常生锈，覆盖着一层黑色夹杂棕褐色的混合物，看上去就是黑色的；而锰、铬主要用来冶炼黑色的合金钢。所以它们才会被称为黑色金属。

智慧大本营

小朋友们是不是觉得金属存在记忆对我们不利呢？因为我们好像做了无用功一样。但事实上不是这样的，它的记忆能力也被人们有效地利用起来了。比如用形状记忆合金进行牙齿矫正就是众多应用当中的一个哦!

金属也会有记忆力吗?

记忆是一种很奇妙的东西，我们凭借记忆可以想起很多以前的事情。但是小朋友们知道吗？记忆并不是我们人类专属的，就连金属都是有记忆的呢!

当然，金属的记忆和我们人类的记忆不同，它不能呈现出过去的历史。但是，金属可以在一定的条件下恢复原来的样子。简单理解的话，就像弹簧一样，即使将它压扁，它还是会想办法恢复成原来的样子。

而且，金属的记忆力也需要相应的条件。只有在一定的温度下，金属当中的一些结构才会进行记忆，从而变回曾经的样子。一般情况下，人们会在金属"记忆温度"之下改变它的形状。一旦温度到达了它的"记忆温度"，金属就会被"打回原形"了。

抛向空中的球为什么还会落回地面？

小朋友们对牛顿的故事都不陌生吧？据说他曾因为一个从树上落下的苹果而发现了万有引力定律。同样，我们抛向空中的球也是一样的道理哦！

我们扔上天的东西，会因为地球的引力掉落到地面上，这也正是万有引力存在的证据。其实，我们能够生活在地球上离不开地球的引力呢！如果地球没有引力的话，我们就会处于"失重"的状态。我们无法双脚着地，只能飘在天上，世界上的万物都会在天空中飘来飘去，包括液体。这样是不是很可怕啊！所以，我们能够好好生活在地球上还要多亏了这种引力呢！

不过，如果我们有特殊能力，能够将球扔出大气层的话，在进入太空后，它就不会掉落到地面了，因为它已经离开地球的引力范围了。

为什么轮船可以浮在水面上？

秋天到了，落叶会浮在水面上，这不奇怪。将石头扔进水里的话，它会沉底，这也是正常现象，因为石头毕竟比较重嘛。那么，为什么钢铁制成的巨型轮船不会沉底呢？它可比石头重多啦！

我们都知道，水是有浮力的，所以才能够让物体漂浮在水面上。当然啦，浮力也不是万能的，如果物体本身的重力大于浮力的话，物体还是会下沉的。为什么轮船所受的浮力那么大，足以把上万吨重的轮船浮起来呢？这和轮船的形状有着密切的关系。

因为轮船体积巨大，并且做成了一个"盆"一样的形状，而这个"盆"的内部是空心的，总的重量比船吃水部分排开的水的重量轻，这样一来，它就能安安稳稳地浮在水面上了。

修在山上的公路为什么总是弯弯曲曲的？

小朋友们晕车吗？是不是最怕走盘山路了？汽车在盘山路上绕来绕去，我们想不晕都难！可是，为什么山上的公路一定要绕着弯盘旋上去呢？直线距离不是更短一些吗？

然而，事实和我们想的不一样，我们没有考虑一个问题，就是山的坡度。虽然两点之间直线距离最短，但是如果山坡太过陡峭的话，车在上坡过程中就会很吃力，下坡也不安全。而盘旋着的山路则无形之中减缓了坡度，提高了安全系数。这样一来，人们才能安全出行。

而且还有一点，就是如果不修盘山公路，而是修筑直上直下的公路，在施工方面会有很大的困难。所以修盘山路才是在山上修路的最好选择。

智慧大本营 ♠

在我国湖南省张家界的天门山国家森林公园里，有一条盘山公路——共计有99道弯，全长约10千米，海拔200~1300米，形成了接地通天的态势，因此也被叫作"通天大道"。通天大道目前是我国公认的"十大盘山公路之首"。

看看自己周围，我们生活当中圆柱形的容器还真不少呢！无论是盛水的杯子，还是装饮料的瓶子，这些容器大多数都是圆柱形的。这是因为圆柱形最美观吗？还是有其他什么原因呢？

容器自然是用来装东西的了，所以可以在有限的空间内盛装最多的物质的容器才是最实用的。从数学的角度来看，圆柱形是所有等面积图形当中底面周长最小的。因此，相同高度的圆柱形和其他柱形相比，可以盛放更多的物质。既然如此，圆柱形当然是制作容器的首选啦！

智慧大本营

虽然圆柱体的容器用途很广，但是，很多固体物质不是装在圆柱形容器里的，比如衣服、被子等，这些东西放在长方体或正方体的柜子当中才更加方便一些。

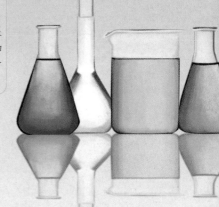

小朋友们会转呼啦圈吗？有的小朋友可能非常擅长，有的小朋友则玩不好。在转的时候小朋友们有没有发现一个窍门？就是当呼啦圈真正转起来之后，只要我们不停地使力，不用太费劲就可以让它一直转，不会掉下来。这是怎么一回事呢？

东西会下落是因为重力的关系，但是，当一个物体不停旋转的时候，就会产生一股离心力，这种力会让物体暂时脱离重力的掌控。比如洗衣机甩干衣服的时候，衣服当中的水分会因为离心力而甩向滚筒四周。

所以，小朋友们只要掌握窍门，就能让呼啦圈轻松地转起来啦！

这列运动的球突然停止时，由于惯性还会继续向前运动。

我知道，老师。但是，随着阻力越来越大，惯性越来越小，球最终会静止不动。

哇，这和司机在急刹车时，身体撞向方向盘，又靠向座位是一个道理啊。

小朋友们坐在公交车上最怕的是什么呢？是不是急刹车啊？一旦遇到急刹车的时候，我们总会身不由己地向前倾。这是什么原因呢？

不知道小朋友们有没有听说过惯性。任何物体都有一直保持原有运动状态不变的特性。当外力让一个物体运动的时候，它虽然会运动，但它本身的惯性会有抵制运动的趋势。同样的，当外力让运动的物体停下来的时候，物体也会有保持运动的惯性。我们在车上，跟随着车一起向前运动，当急刹车的时候，虽然车停止了前进，但是因为惯性，我们自身还在向前运动，所以我们的身体就会向前倾。

刹车时人为什么容易往前倾？

为什么夏天自行车胎不宜打得太足?

　　小朋友们会不会骑自行车啊? 在夏天的时候, 爸爸妈妈在给自行车打气的时候, 通常不会打得太足。明明打足气的自行车骑起来比较轻松, 而且内胎和外胎都不会被磨损得很厉害, 爸爸妈妈为什么就是不肯这样做呢?

　　这是基于热胀冷缩的道理。空气同样也会热胀冷缩。在夏天的时候, 温度升高, 车胎当中的空气也会受热, 从而膨胀起来。所以, 如果一开始就将气打得很足的话, 就很容易因为受热空气膨胀而产生爆胎的现象。

当然! 我们可以用"热胀冷缩", 把乒乓球变回原形!

怎么办, 我的乒乓球被压扁了?

小明有办法吗?

乒乓球瘪进去一块, 把它浸入开水里烫一下会重新鼓起来。

棉被在晒过后为什么那么蓬松柔软？

在天气暖和的时候，妈妈都喜欢将被子放在太阳底下晒一晒。晒过的棉被就会变得非常松软。小朋友们也很好奇这里面的原因吧？

我们的被子经常放在柜子当中，一段时间过后，因为空气中的水分，会使被子变得有些潮湿，这样自然不舒服。但是，只要将被子放在阳光下晒上几个小时，水分就会散失掉，被子就会变得干爽、缓和。

晒被子的神奇作用还不止如此。棉花的纤维非常神奇，受热之后它会膨胀起来，体积也会增大。这样一来，晒过的被子就会变得柔软蓬松啦！

智慧大本营

其实，并不是所有的被子都会经过阳光的洗礼就蓬松柔软的。比如合成棉，它就不具备棉纤维的特性，所以不会变得蓬松。而且，一般棉花晾晒3个小时就足够了，它的膨胀是有限度的，并不会因为晾晒的时间越长就越蓬松哦！

狗狗在家帮我看着被子～

风筝为什么能飞上天？

　　在春秋季节有风的日子里，放风筝往往是一个不错的娱乐项目。小朋友们有没有想过，为什么风筝可以在天上飞呢？

　　我们先来观察观察风筝好了。在挑选风筝的时候，我们都会尽可能选择重量较轻的风筝，因为它更容易飞上天。而且，懂得风筝的人也会观察风筝的线。因为，风筝要想在天空中翱翔，离不开风，只有拉线和风筝形成一个容易借助风力的角度的时候，风筝才能顺利地飞上天。

　　在放风筝一开始的时候，我们需要迎着风奔跑，这样产生的风会将风筝送上天，当它到了一定的高度的时候，高空中的空气对流就会让它乖乖地飘在空中，不会落下来了。

放风筝对人体有哪些好处？

　　每到休息日，郊外、公园里常常能看见放风筝的大人、小孩，不要觉得惊讶，因为放风筝对人体真的有许多好处呢。

　　跟随着风筝移动、奔跑，可以舒展筋骨，同时也能尽情呼吸新鲜的空气，促进人体的新陈代谢，改善血液循环，有消除积郁、祛病健身的功效。另外，双眼面对清澈的蓝天和姿态各异的风筝，可以消除眼肌疲劳，调节和改善视力，预防近视和弱视。同时，放风筝时需要保持轻松愉悦的心态，所以会使人们在不知不觉中变得平和豁达。瞧，放风筝的魅力可不小呢。小朋友们也一起去放风筝吧！

每到联欢会的时候，小朋友们都会玩气球吧？但是气球也是有区别的呢。为什么这么说？因为有的气球可以放在地上，而有的气球则会飞到房顶上去。如果没有房顶，它还会继续向上飞，飞到天空中去呢！

为什么有的气球会飞，有的却不会飞呢？难道是制作气球的材料不一样吗？其实不是这样的。气球是否会飞和气球本身并没有多大的关系，主要在于气球当中所填充的气体。

空气和水一样，都是有浮力的。当气球中填充的气体比空气轻的时候，它就会带动着气球向天空上飘。而气球中间填充的是普通的空气，再加上气球本身的重量，就要比空气重一些，所以也就没有办法悬浮在空中，只能落向地面了。飞上天的气球中填充的是氢气或氦气，这些气体比空气轻，自然就可以使气球飞上天了。

吸管是如何把饮料吸出来的呢？

在喝饮料的时候，有时候我们会使用吸管。它是怎样将饮料送入我们嘴里的呢？

要说神奇，这并不是吸管的能耐，而是借助了空气的特性。为什么这么说呢？我们将吸管放入饮料中之后，饮料会进入到吸管当中，吸管中饮料的平面和杯子当中的液面是持平的。吸管当中除了饮料之外，上半部分是空气。

当我们吸吸管的时候，会先将吸管中的空气吸出来。这时吸管当中的气压和外面的气压就不平衡了。在空气的压力下，吸管当中饮料的液面就会上升，最终进入到我们的嘴里。

所以，我们能够用吸管喝到饮料，离不开空气的帮忙呢！

智慧大本营

吸管的发明者是一位叫马文·史东的美国人。在19世纪的时候，美国人爱上了冰凉的淡香酒，可是直接用嘴喝的话，淡香酒原有的冰凉感会有所降低。所以烟卷制造商史东发明出了吸管。只不过，当时的吸管是用纸做成的。

为什么要少喝碳酸饮料？

碳酸饮料是一种被充入二氧化碳气体的软饮料，俗称汽水。这种饮料的主要成分是糖、色素、防腐剂、香精等，除热量外，几乎没有任何营养。可是在生活中，特别是孩子，很喜欢喝碳酸饮料。但是专家建议，碳酸饮料最好不喝或少喝，这是为什么呢？

原来，碳酸饮料是导致青少年、婴幼儿患牙蚀的主因，90%以上的青少年因喝碳酸饮料腐蚀了牙釉质保护外层，造成蛀牙。另外，过量饮用碳酸饮料还会引起肥胖和糖尿病，导致人体骨骼疏松。因此，碳酸饮料不宜多喝。

饮料瓶为什么一般都不装满？

小朋友们有没有发现一个问题，很多饮料在打开之前，液面距离瓶口都有一定的距离。难道是制造商，故意不装满的吗？

制造商的确是故意不装满的，但这并不是因为他们想要偷工减料。而是有一定的道理的。以可乐为例，很多饮料都是碳酸性质的，也就是说，饮料当中含有大量的气体。之所以不将饮料装满，是为了给气体留一定的空间。如果装满的话，一旦温度升高，瓶子当中的气体就会膨胀起来，瓶子就有破裂的危险。

另一方面，有的时候在炎热的夏季，人们喜欢将饮料冰镇一下再饮用，以此来解暑。可是，当水变成冰之后，体积会增加，如果装得太满的话，这时瓶子也会被撑破。

暖气片为什么最好安在窗户附近?

小朋友们有没有观察过家里的暖气片呢? 它是在窗户的下面或旁边, 还是孤零零地在角落里呢? 其实, 不管房子的朝向、结构如何, 暖气片的"家"就像规定好了一样, 最好是在窗户下面或附近。为什么会有这种安排呢? 放在窗户边, 热气不都被窗户中进来的冷空气抵消了吗?

其实不然, 热空气是向上升的, 窗子外的冷空气虽然是下降气流, 但是暖气可以防止冷空气进行环流, 能够更好地保持室温。而且, 暖气片装在窗子下, 我们靠近窗子的时候, 就不会感到

特别的冷。这样一来, 就能最大限度地减少供暖设备。要是将暖气放在墙角的话, 冷空气就会从窗子当中跑进来, 这样暖气就不能达到最佳效果了。

你知道水塔为什么总是建得很高吗?

现在, 我们家家户户都能用上自来水, 那么小朋友们知道自来水是从哪里来的吗?

告诉你吧! 几乎每座城市都会有一个自来水厂, 而每个水厂当中会有一个高高的水塔, 我们日常生活中所用的水就是从那里来的哦!

可是, 为什么水塔一定要建得那么高呢?

其实, 水塔建得高是为了让高楼里的居民也有自来水用。只有水塔当中的液面较高, 那些高楼中的用户才能用到自来水。

但是, 现在大楼越建越高, 光靠高水塔也不足以给高楼上的用户供水了。所以, 自来水厂的人就只能借助加压泵的力量来解决高楼层用户的用水难题了。

冬天脱衣服时为什么会冒火花？

到了冬天的时候小朋友们都会穿上厚厚的衣服，到了晚上脱衣服的时候就会听到"噼里啪啦"的声音，有时甚至还会看到火花！我们的身上为什么会出现火花呢？

其实好多小朋友都知道，这是因为我们身上带了静电的缘故。那么，我们身上的静电是从哪里来的呢？一般来说，我们在冬天时候穿的衣服多是由合成纤维制成的。这种纤维不会导电，而且有着不错的吸水性，能够除湿。但是我们在寒冷的冬天会穿很多层衣服，这样衣服之间就会出现摩擦。摩擦会起电，而合成纤维的衣服本身又不导电，所以电荷难以在衣服上流动，只能积累起来，静电就这样产生了。而当静电累积到一定程度，正负电荷相遇，产生放电的时候，就会产生"噼噼啪啪"的电火花了。

啊！中电啦！

嘻嘻，胆小鬼！

智慧大本营

望远镜最远可以看到多远呢？这个问题或许很多小朋友都思考过。现在已经有了天文望远镜，也就是说，可以看到太空，可以看到月亮和星星。可以说，望远镜的出现为人类了解宇宙提供了条件。

镜子里的人为什么是左右相反的?

小朋友们每天早上都会照镜子吧? 镜子对于我们来说挺重要, 我们通过它才能看清自己。可是你有没有想过一个问题? 为什么镜子能够将我们的样子完好地还原, 但是左右却是相反的呢? 我们举的明明是右手, 镜子里的人却举起了左手, 这是怎么一回事呢?

让我们来探究一下镜子是怎么"工作"的好了。镜子能够照出人影实际上就是利用了光的反射原理。光在射到镜面上的时候, 会进行反射, 呈现出人像。镜子中的影像和人本身是对称的, 由于这种对称性, 使得人体本身和镜子中的像方向总是相反的。

小朋友们都用过望远镜吧? 它能够将远距离的景色呈现在我们的眼前。望远镜看似结构简单, 但是作用却不小, 它是怎样工作的呢?

望远镜能够望远利用的是光学原理。据说, 曾经一个叫汉斯·利伯希的人偶然间将两个眼镜片重叠在了一起, 通过拉远两个镜片的距离, 他发现远处的物体呈现出了较为清晰的影像, 而且被放大了。在这个基础上, 望远镜便应运而生了。

望远镜多数是由两面凸透镜组成的, 也有少数是凹透镜和凸透镜组合的。通过这样的方式, 光传播的路径就会发生改变, 进而把远处的物体的景象传递到我们的面前。

望远镜为什么能望远?

老年人的老花镜和放大镜的原理差不多，也是由凸透镜制成的。放大镜可以将东西放大多少倍呢？告诉你吧，放大镜最大可以将物体放大到几百万倍！比如显微镜就是这样的。通过显微镜，我们可以观察到肉眼所看不见的分子和细菌，从而了解它们。

放大镜为什么能把东西放大？

放大镜大家都玩过吧？用它可以将书上的字放大。这是什么原理呢？

放大镜其实和望远镜有些类似，都运用了光学的原理。放大镜就是一面凸透镜，一般用玻璃制成。它四周很薄，中间非常厚，镜面是弧形的。这就是它的奥秘所在了。

凸透镜有着聚光的特性，这就可以放大虚像，让我们看到放大后的物体。但是，凸透镜也不能无限放大，我们只有将东西放在它的焦距范围内，才能看到清晰的放大图像，如果放在焦距之外，那么看到的图像就不够清晰了。

在冬天的时候小朋友们才会戴帽子，可是建筑工地上的工人叔叔为什么大夏天的还戴着顶帽子呢？其实，他们戴的是安全帽。我们的帽子可以取暖，但是安全帽却不是取暖用的。

安全帽，顾名思义是人们为了保护自身的安全而发明的，它半球形的形状有着特殊的功用。虽然安全帽都是由非常结实的硬塑料制成的，但是这样的材质并不能百分之百地保护我们的安全。半球形更符合力学原理，当一点受力的时候，半球形的安全帽可以让力分散到帽子的整个表面，这样力的作用就会有所缓解，保护的效果也就更强了。

还有，除了安全帽之外，解放军叔叔的钢盔也是半球形的哦！

安全帽

为什么要做成半球形？

蜡烛燃烧时为什么会冒烟？

在蜡烛燃烧的过程当中，它会越变越短。但是，这并不只是物理变化，更是一种化学反应呢！小朋友们想想看啊，燃烧过后的蜡烛去哪里了呢？

其实，世间万物都要遵从质量守恒定律。也就是说，烧掉的蜡烛不会凭空消失，而是转变成了另一种物质。

点燃蜡烛之后，化学反应也开始了，除了产生二氧化碳和水分之外，也会产生炭黑，蜡烛会分解成无数细小的石蜡颗粒，棉质的蜡烛芯燃烧也会产生杂质，这些颗粒又轻又细小，组合在一起飘散就成为我们看到的白烟了。

我们家庭当中用的餐具多是陶瓷的。小朋友们注意观察过吗？瓷器上有很多美丽的花纹，呈现出不同的色彩。这些颜色不会褪去，而且非常光滑。陶瓷是怎样呈现出美丽色彩的呢？

瓷器为什么能够呈现出各种美丽的色彩？

了解陶瓷制作工艺的小朋友一定知道，陶瓷之所以能够呈现出各种各样美丽的色彩得益于釉料。要知道，单单用瓷土烧制出的陶瓷并不是非常光滑的，甚至还会渗水，加上釉料之后才会光滑无比。而要是想在陶瓷上绘制图案的话，就要使用釉彩。釉料是由金属或金属氧化物合成的，而不同的氧化物则能够呈现出不同的颜色。正是利用了釉料的这个特性，才制成了图案多种多样的美丽陶瓷。

智慧大本营

现在有了更加美丽的陶瓷，看起来和琉璃相似，叫作透明陶瓷。这种陶瓷和我们常见的不同，它能够让光线透过。所以，远看就像是玻璃制品一样，但它们的原料是不相同的。

为什么水烧开后壶盖会被顶起来?

小朋友们有没有注意过烧开的水?在烧水的过程当中,水都是老老实实的,但是沸腾了之后它们就不一样了,连壶盖都会被顶起来。它们烧开之后有什么"特异功能"吗?当然不是啦,关于这个问题可是有科学解释的!

小朋友们知道凉水和烧开的水看上去有什么区别吗?没错,开水会冒白气!这些气就是水的另一种形态——水蒸气。水受热到一定程度的时候就会沸腾,同时也会因为温度的上升而出现水蒸气。液体变成气体之后,体积便增加了,为了拓展空间,这些水蒸气就努力地把壶盖顶起来了。当然,水蒸气跑掉一部分过后,它们实力不足,盖子就会再次落下来,等待下一次的"爆发"。

小朋友们见过酒精灯吗?酒精灯的火焰比起蜡烛、火柴可稳定多了。但是在使用酒精灯的时候,还有一个注意事项,就是不能用嘴吹灭。为什么同样可以燃烧,火柴就能吹灭,酒精灯却不可以呢?

我们来思考一下燃烧的条件好了,想要燃烧,就需要充足的空气,而且温度要达到着火点。火柴的着火点比较低。我们吹气形成的风带走了火柴附近的热量,使得火柴的温度到了着燃点以下。这样一来,火柴就灭掉了。

但是酒精灯可不一样,因为酒精是一种极易挥发的液体,所以在酒精灯当中会有酒精与空气的混合物,这种气体非常易燃。如果用嘴吹酒精灯的话,极有可能将空气吹入酒精灯当中,这样就可能引起爆炸。

所以,当用完酒精灯之后,我们一定要记得用隔绝空气的办法来熄灭它。

为什么可以吹灭火柴,却不能吹灭酒精灯呢?

在电影院看电影的时候，音效非常好。不知道小朋友们有没有一个疑问，同样是空旷的环境，为什么电影院没有回声呢？

在考虑这个问题的时候，我们可以观察一下电影院的墙。经过仔细的观察你会发现，电影院的墙全部都是凹凸不平的。这对减小回声有什么作用吗？

小朋友们都知道，声音是按照直线进行传播的，当遇到障碍物的时候，就会产生折返。如果声源和障碍物之间的距离过大，我们就会听到回声。电影院面积都非常大，容易产生回声，影响人们看电影。

电影院的墙壁为什么会凹凸不平呀？

可是，如果墙面凹凸不平的话，就可以为声音的传播提供多方路径，让声音多次折返，往返于墙面之间，这样我们就听不到回声，就可以安心地观看电影了。

飞机能不能飞向太空呢？

飞机虽然能够在天空当中翱翔，但是它的活动区域也是有限的，无法在太空中飞行。这是什么原因呢？

我们来想想，太空中和地球上最大的差别是什么？小朋友们或许想到了，最大的差别就是太空当中没有氧气。飞机的飞行离不开发动机，而发动机需要燃烧转化能量，才能获得动力。没有氧气助燃就没有动力，飞机自然不可能在太空中飞行啦！

智慧大本营

除了动力问题之外，飞机之所以能够飞行还有一部分自然的原因。在地球上，因为有空气，所以有一种帮助飞机上升的升力存在。如果去了太空的话，空气消失了，自然也就没有了升力，所以从各方面来看，飞机都不具备飞向太空的条件。

为什么跑车的
轮胎要做得很宽？

要说众多汽车中速度最快的一定是跑车了，它的速度可是一般小汽车望尘莫及的。跑车不仅外形炫酷，连它的轮胎也不一般，很明显，跑车的轮胎要比普通汽车的轮胎宽。这只是为了看起来漂亮吗？还是有什么特殊的原因呢？

跑车之所以跑得比其他车快，是因为它的动力比其他的车要强，而且为了提速后稳定，跑车的重量也会比普通车大。如此特别的车，使得它的轮胎也很特别。我们都知道，轮胎一定要具备良好的摩擦力才安全。如果跑车用普通汽车的轮胎，摩擦力很可能达不到要求，所以，跑车的轮胎一定要宽一些增加面积，增大摩擦力才行。

智慧大本营 ⬆

所有汽车的车轮上都有花纹。虽然这些花纹的图案各不相同，但是它们的作用都是相同的，就是增加车轮的摩擦力，提高安全系数。

家里有车的小朋友一定发现了一个问题，一到冬天的时候，爸爸妈妈都会念叨两句，说车又打不着火了。难道汽车也"冬眠"不成？为什么一到冬天就不好发动了呢？

这还真跟气温有关系。我们都知道，摩托车也好，汽车也好，都是通过发动机产生动力的。发动机的工作原理是通过燃烧汽油获得热量，之后将热能转化成动力。而燃烧是需要温度的，在天气冷的时候，汽车发动时发动机内的温度很难达到着火点。加上汽油和空气的温度都很低，火花难以瞬间点燃，所以汽车就难以发动啦！

公共汽车后面的窗子为什么总是不打开的？

在夏天的时候，小朋友们是不是感觉公交车里很热啊？有没有想过，如果所有的窗子都能打开的话，那该有多凉快啊！不过，汽车有两面窗子是打不开的，前面的挡风玻璃自然不用说了，为什么后面的窗户也打不开呢？

这个设计其实是有道理的。当车向前开的时候，它冲破了空气，经过的地方空气为了保持平衡，会马上形成一股风吹回来，迅速补充汽车所占的空间。这股风很急，要是地上有土的话，这股风就会将它们卷起来，送往车的方向。如果后面的窗子打开的话，灰尘就全部进到车里啦！为了保持车内的卫生，车后窗当然是不能开的。

高速公路上为什么没有急转弯陡坡和很长的直线段?

开车走高速公路是一种很好的出行方式。不知道在旅途中小朋友们有没有观察过高速公路呢?高速公路上不会有急转弯,也没有陡坡,而且也没有很长的直线路段。为什么高速公路要这样设计呢?

经历过急转弯小朋友们一定都可以理解,因为车子在高速行驶的过程当中,如果急转弯的话很容易产生较大的离心力,这样车子就容易"跑偏",严重的甚至会被甩出公路。陡坡也是一样的道理,车子在高速行驶的时候很难保持稳定,下陡坡的时候非常危险,而上陡坡也非常费力。所以这些都是要尽量避免的。

至于直线,虽然是最理想的行进方式,但是如果长时间保持直线行驶的话,容易使司机因感到单调乏味而分散注意力,甚至感到疲劳,存在着不小的安全隐患。

所以,工程师们在设计高速公路的时候,是不会设计太长的直线路段的。

智慧大本营

虽说高速公路可以高速行驶,但也并不是不限速的。要知道,再安全的路况,也不能保证没有特殊情况发生。而且路上的车子的动力各有不同,如果对于一部动力不够强劲的车子来说,速度太快也是不安全的。

为什么汽车的轮胎都是黑色的？

很多男孩子都喜欢汽车吧？它们各有特色，不仅形状不一，连颜色也是多种多样的。但是，不管汽车的颜色有多丰富，所有汽车轮胎都是黑色的。为什么不给它换一种漂亮的色彩呢？

其实，最早的轮胎就是天然橡胶的白色，变成黑色还是后来的事。轮胎除了帮助车子前进之外，还有一个非常重要的作用，就是增加摩擦力，防滑性能是轮胎非常重要的测量标准。

现代的黑色轮胎中，有一种叫作炭黑的物质，它能够增加摩擦力。轮胎里正是因为有了这种物质，所以才呈现出黑色的。毕竟比起美观来，安全更重要嘛！

为什么轮胎的花纹多种多样呢？

我们都知道，轮胎上的花纹可以增加摩擦力，防止车辆打滑。可是你知道，为什么不同的车辆，轮胎花纹的形状、宽窄也不相同呢？

其实，根据行车经验的总结，现在人们习惯将车轮花纹分为通用、高越野性和联合式花纹三大类，它们的花纹基本为直线、横线、斜线、块形或混合形组合。

通用花纹也叫公路花纹，是最普遍的一种，如公共汽车的轮胎，花纹常成直线形和锯齿形，可以消除噪声，所以也称无声花纹。

高越野性花纹专供车辆在荒野及松软土地上行驶，大都宽而深，行驶时不易夹石、藏土和打滑。

联合式花纹既适于在硬路面和沙砾路行驶，也可以在松软、泥泞或冰雪路面上行驶。

飞机为什么不能顺风起落？

不知道小朋友们有没有注意过一个问题，飞机都是迎风起落的。降落倒是好理解，因为逆风可以增加一些阻力，帮助飞机安全降落，减少滑行的距离。那起飞的时候为什么不顺着风呢？借助风的力气多好，为什么非要迎风而上呢？

想想放风筝的时候，我们就是迎风跑的，其实这和飞机起飞有着异曲同工之妙。

飞机起飞的时候，除了自身给予的动力之外，离不开空气给予的升力。只有迎风而上的时候，飞机翅膀上面才能有较高速的气流通过，这样才能产生较大的升力，起飞也就更容易了。

为什么空调会排出水来呢？

在夏天的时候，我们都喜欢待在有空调的屋子里。在凉爽之余，小朋友们有没有注意观察过空调呢？它总会排出很多水。这些水是哪里来的呢？

空调在夏天的时候会释放冷气，这些冷气归功于一种叫作氟利昂的物质。这种物质可以通过蒸发而吸热，从而降低空气的温度，我们就会感觉凉爽了。但因为空气当中有水蒸气，所以空调内部蒸发器表面会因为温度过低而使水蒸气变成液态的形式。这就是空调会排水的原因。

啊，真凉快！

为什么高压锅做饭熟得快？

在制作一些不容易熟的食物的时候，爸爸妈妈都会用压力锅，这样做出来的食物比较酥软，而且用时短。

为什么高压锅这么厉害呢？

其实，高压锅的秘密从它的名字当中我们就应该知道了。没错，就是压力的功劳。用普通的锅做饭时，锅里的水只能到达100摄氏度，没有再升高的余地，所以只能以这个温度持续加温，从而让食物变熟。但是在压力锅当中，水的温度就不一样了。压力锅通过密封加热，将水蒸气困在锅子中，使得锅子当中的压力增大，以此来提升水的沸点。

这也就是说，高压锅当中的水可以高于100摄氏度沸腾，如此一来，更高的温度当然也就更容易让食物变熟啦。

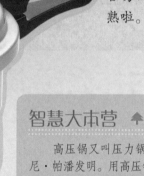

智慧大本营

高压锅又叫压力锅，1679年由法国物理学家德尼·帕潘发明。用高压锅做饭不仅非常方便，还大大节约了时间。

不过，使用高压锅要安全操作。因为锅中的压力非常大，所以在食物熟了之后要先把里面的水蒸气通过锅上的小孔放出来，然后才能开锅。在煮制食物的过程当中也要注意密封安全。

削好的苹果为什么那么容易变色呢？

喜欢吃苹果的小朋友们一定会注意一个问题，如果将苹果削皮或是切开的话，最好尽快吃掉，要不然一段时间之后，苹果的切面就会变色，而且越来越深，直到变成褐色。

之所以会出现这种现象，是因为苹果当中有很多含有"酚"的物质，也就是酚类化合物。酚存在于苹果的细胞当中，当削皮或切开后，细胞被破坏，酚也就和空气当中的氧接触了，从而发生反应，使得苹果变了颜色。

智慧大本营 ↑

虽然苹果变色之后仍然可以吃，但是其中的维生素C含量会减少，这样会影响到它本身的营养价值。如果不能马上吃的话，就要将苹果放在盐水当中，或是涂上一些柠檬汁，这样就可以防止它变色。

鸟停在高压线上，为什么不会触电？

我们从小就知道，电是一种非常危险的东西，要离得远远的。尤其是高压电线，要是碰到的话，一定会触电身亡！可是为什么小鸟没事呢？小鸟经常成群结队地站在高压线上面，但是却活得好好的。难道小鸟不会导电吗？

小鸟和我们人类一样，都是导体。小鸟之所以没事，是因为它站在同一根电线上面，而且它体积小，两个爪子之间的距离很近，这样小鸟的身上就不会有电流通过了。

但是需要注意的是，如果小鸟的两只爪子分别站在两根电线上，那么小鸟也会触电而死的。所以，一般高压电线之间的距离都比较远，这样可以防止鸟儿们触电，也能防止鸟儿触电后引发的停电。

为什么水库大坝截面要建成上窄下宽的形状？

我们看到的墙都是上下一样宽的，但是水库的大坝则不一样，它的截面是一个梯形，上窄下宽。为什么要把大坝修筑成这个样子呢？这样不是很浪费资源吗？

这样做是非常有必要的。水当中存在压力，而且深度不同，压力也就不一样。就像我们叠罗汉一样，下面的人承受的力量要比上面的人大得多。我们可以将水库中的水看作无数的水分子，它们均以叠

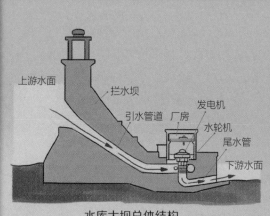

水库大坝总体结构

罗汉的方式团结在一起。这样一来答案就很明显了，大坝底部所承受的压力最大！

如果不将水库大坝底部加厚的话，大坝底部很可能承受不住水的压力而崩溃。

而且，梯形的结构也更稳固，可以让大坝"站"得更稳一些。

轴承这种东西可能很多小朋友都听说过，但是从没见过。轴承究竟是做什么用的呢？

轴承虽然只是一个小的零部件，但是少了它机械就会遇到麻烦。简单来说，轴承就是起到支撑作用的部件，同时，它还能起到减轻摩擦的效果。

机械在工作的过程当中一定会有物体的运动，机械的各个部件之间也会存在摩擦力。轴承的出现可以减少摩擦，从而降低机械的损耗，增加机械的使用寿命。因此，轴承可是机械必不可少的重要组成部分呢！

你知道炼钢炉的温度是怎样测量的吗？

炼钢的时候需要非常高的温度，这个时候人们是怎样测量钢炉里的温度的呢？这样的高温显然不可能用普通的温度计来测量。这个时候，人们会用红外测温仪来测量炼钢炉的温度。或许小朋友们不知道，红外线是一种可以释放热量的射线。钢炉当中的钢水就会发射红外线。所以，想要知道炼钢炉之内的温度，只要测量它的红外线数值就可以了。

红外测温仪非常方便，但是因为钢水当中存有杂质，所以在发光方面会有一定偏差。如果用一次性热电偶来测的话，数值就精确多了，但是成本也比较高。

枪管里面为什么会有膛线？

枪管是圆筒状的，外面很光滑。但是，不要以为它的内部也是一样光滑的哦！在枪管的内部有很多凸起的部分和凹槽。这就是膛线。

膛线是一杆枪的灵魂。为什么要设置膛线呢？因为在将子弹射出去的过程当中，由于子弹所爆发的力量，会在枪管当中多次撞击，然后才会冲出枪膛，这样就会影响射击的精确性。但是设置了膛线就不一样了，它可以让子弹在枪膛内按照固定的方式旋转，增加了子弹飞行的稳定性，进而提高了射击的精准度。

阴膛
阴膛径
膛径
阳膛
膛径

你知道我国的第一位获奥运会金牌的神枪手是谁吗？

当然知道，是世界冠军徐海峰啊！

100

字画时间一长为什么就会褪色呢?

小朋友们有没有保存过自己以前的画呢?比起刚画的时候,是不是颜色变浅了呢?颜色变浅就是我们所说的褪色。为什么字画保存一段时间之后都会褪色呢?

字画会褪色,自然和颜料有关系。我们所用的颜料都是由化学物质制成的,将颜料涂到纸上之后,等颜料干了就会呈现出美丽的颜色。但是,时间久了,颜料不再稳定,会逐渐分解,慢慢散发到空气当中。部分颜料分解了,字画的颜色看起来自然就浅了许多。

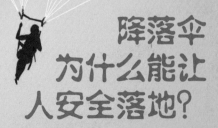

小朋友们一定在电视里见过降落伞吧?从飞机上跳下来之后,飞行员只需要打开伞包就能安全落地了。降落伞为什么这么神奇呢?它那么轻,为什么可以承受得起一个人的重量呢?

其实,降落伞这么厉害,全靠空气帮忙。人从飞机上跳下来之后会处于加速下落的状态。根据高度的不同,速度也会变化,越来越快。所以如果直接从飞机上跳下来不用降落伞的话,人就会以极高的速度撞击地面,当然会给人带来很大的伤害。

降落伞为什么能让人安全落地?

如果用了降落伞,情况就不一样了。实际上,降落伞起到了一定的缓冲作用。在我们向下跳的时候,空气向上升,如果受力面大的话,阻力也就大了许多,人们自然可以慢悠悠地安全下落了。

眼球结构示意

晶状体
角膜
物体
前房
玻璃体
视神经
中心凹
影像

　　我们能够轻易看清近处的东西，而越是远处的景物看起来就越小。我们已经习惯了这个现象的存在。但是，聪明的小朋友有没有想过，这究竟是怎么发生的呢？

　　原来，原因在我们的眼睛上。物体将光线反射到我们眼睛中，通过晶状体将影像呈现在视网膜上。晶状体的形状就像一个凸透镜，有意思的是，这个凸透镜的薄厚是可以改变的，当人们看远处的物体时，晶状体变得很薄，呈现在视网膜上的影很小，当人们看近处的物体时，晶状体变得很厚，呈现在视网膜上的影像则相应变大。这也就是为什么我们觉得物体近大远小的原因了。

智慧大本营

　　虽然近处的东西看着要大一些，但也不是越近越好。有时候，物体距离眼睛太近的话，我们会觉得物像十分模糊。这就像放大镜的原理一样，在焦距之内是看不清东西的。

自行车的尾灯有什么用？

几乎每辆自行车后面都有一个尾灯，这个尾灯自身并不会发光，那么它的存在能够起到什么作用呢？

实际上，自行车的尾灯是一个有颜色的反光镜。它并不是一个平面，而是有很多面组成，这样，无论光从哪个角度射过来，都会被这个反光镜反射回去。它主要的作用就是在夜间提醒后面驶来的汽车，让司机注意到自行车的存在。这样就可以提高安全指数，避免事故的发生。

电器上标注的电压是什么意思？

水有水压，空气有气压，电也有电压。电压是由于电荷运动所产生的一种能量。在我们的日常生活当中，所用的电都是有电压的。电压基本上可以分为高电压、低电压以及安全电压。

我们买到电器之后，要将电器和插座连接，以此来让电器通电工作。但是根据电器的不同，电器所需的电压也是有差别的。虽然家中插座的电压是一致的，但是电器上仍旧会标注电压。要想给手机这类低电压的电器充电，只需要在插座接上一个专用的变压充电器就可以了。

额定电压/频率　　220伏/50赫兹

智慧大本营 ←

每个国家的标准电压都是不一样的，我国的标准电压是220伏，而美国、日本等国家大多是110伏。

103

为什么不容易接收到远方的电视节目？

小朋友们可能对广播比较陌生，因为随着时代的发展，现在早已经是电视的天下了。在爷爷奶奶们生活的那个时代，广播是最常见的。电视和广播有什么差别呢？除了一个只有声音，另一个兼具图像之外，还有一个特点就是有的广播能接收到很远的地方的节目，而电视却不可以。

电视不是更先进吗？

为什么电视不能接受很远的地方的节目呢？想知道答案，我们就要知道电视信号和广播信号是怎样传播的，有什么差别。

广播发射的信号有中波信号和短波信号，这些信号能够传播几百千米甚至几千千米。而电视的信号则是调频电波，这种电波是直线传播的，因此在遇到障碍物的时候，就会出现衰减的情况，而且传输距离也较短，大多都在100千米范围内。所以，电视很难收到远方的节目。要想接收到远处的节目，我们就必须在家里安上有线电视或卫星电视接收天线才行。

信号塔

收音机

电视机

原来，从前的收音机长这个样子啊！

这些可是从爷爷那里借来的古董啊！一个是收音机，一个是电视机，没见过吧！

电器上的功率是什么意思?

功率是一个物理学名词。功是物体通过工作所释放的能量,功率是指单位时间内所做的功的多少。电器在通电工作之后,就会产生电能,并将电能转换成了其他形式的能量。这就是电器做功的过程。

如果仔细观察家中不同的电器的话,小朋友们一定会发现,不同的电器有着不同的功率,也就是说,它们所消耗的电量是不相同的。通常小电器耗电量少,大电器耗电量多,也就是父母常说的"费电"。通常电器上标注的都是额定的功率,也就是电器在单位时间内的最大输出功率。

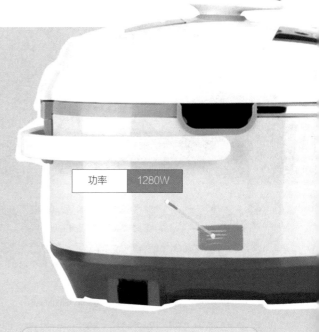

功率　　1280W

智慧大本营 ⬆

电器的额定功率是电器在正常工作时所消耗的功率,因此额定功率是一个固定的数值。虽然按照常理这就是电器的耗电量,但事实上,因为电压的不同,功率也会有所不同。因此,额定功率只是一个参考的数值罢了。

为什么水滴总是近似球形?

水没有具体的形状,但是,水滴就不一样了。不论什么时候、在哪里,水滴都是呈球形的。小朋友们有没有思考过这个现象的原因呢?

其实这还是表面张力在起作用。当水聚集在一起的时候,液体表面的水分子相较于水中的分子排列要稀松一些,但是分子之间也存在着不小的吸引力。这就使得水的表面形成了一层具有弹性的"衣服"。水滴正是穿上了这件"衣服"的水。

因为表面张力大,所以水滴表面的水分子会尽可能地靠在一起,在众多形状之中,体积相同时,球形的表面积最小,所以水滴就保持了这样的形态。

为什么在汽车上感觉车外的物体都在向后跑？

小朋友们喜不喜欢坐车啊？坐车的时候从窗子向外望，静止的大楼就像长了腿一样，纷纷向后跑。当然啦，我们都知道，运动的是我们，那些大楼才是静止的。可是，为什么会有这种错觉呢？

这是因为参照物的原因。参照物是相对的，我们虽然是运动的，但是我们的大脑会本能地将自己作为参照物。将自己作为参照物之后，我们就会认为自己是静止的，所以向车外看的时候，就觉得静止的物体反方向移动了。

如果小朋友们有机会坐火车，这种感觉会更加明显。

帆船可以逆风行驶吗？

帆船真神奇，没有发动机，也没有桨，却能自己前进。它能前进全是靠风的作用，通过巨大的帆，乘借风的力量前行。当然啦，顺风前进非常简单。而当逆风时帆船也能行驶，它是怎么做到的呢？

令我们想不到的是，它逆风行驶仍旧利用风，只需要调节一下风帆就可以了。在逆风的时候，帆船的帆会调整方向，船身也会改变方向。这个时候通常帆和船会形成一个特别的角度，一面帆会承受较大的风，而帆的另一面则没什么太大的压力，于是船会向斜前方行进。隔一段时间再调整帆的方向，使船向另一侧斜前方行进，这样船就会呈"之"字形前进。虽然比起直线前进要慢很多，但在逆风的时候帆船也是可以前进的。

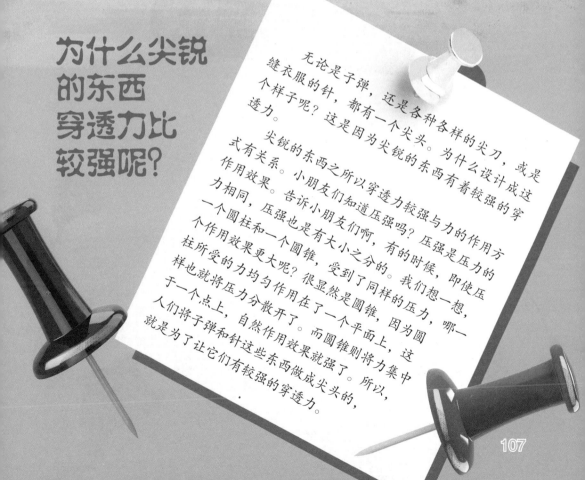

为什么尖锐的东西穿透力比较强呢？

无论是子弹，还是各种各样的尖刀，或是缝衣服的针，都有一个尖头。为什么设计成这个样子呢？这是因为尖锐的东西有着较强的穿透力。

尖锐的东西之所以穿透力较强与力的作用方式有关系。小朋友们知道压强吗？压强是压力的作用效果。告诉小朋友们啊，压强也是有大小之分的。有的时候，即使压力相同，压强也是有大小之分的。我们想一想，一个圆柱和一个圆锥，受到了同样的压力，哪一个作用效果更大呢？很显然是圆锥，因为圆柱所受的力均匀作用在了一个平面上，这样也就将压力分散开了。而圆锥则将力集中于一个点上，自然作用效果就强了。所以，人们将子弹和针这些东西做成尖头的，就是为了让它们有较强的穿透力。

107

回旋镖为什么可以飞回来?

小朋友们玩过回旋镖吗? 它可真神奇, 扔出去自己还会飞回来, 只不过形状有点特别而已!

关于回旋镖的原理, 究其原因, 主要有两方面。一个是它独特的造型, 另一个就是扔它时的方法。回旋镖看起来就像一根压扁的香蕉。这个形状比较特别, 就像是长了两个翅膀一样。回旋镖的特殊形状使得它比较容易利用空气的升力。

在扔的时候, 回旋镖是一个"翅膀"先飞出去的。所以在飞的过程当中总是一个翅膀迎着风, 而另一个"翅膀"远离风。因此它在飞的时候会不停地旋转, 从而划出一个圆弧。随着回旋镖越飞越远, 这个圆弧也会逐渐缩小, 最后它就会自己转一个弯飞回我们身边啦。

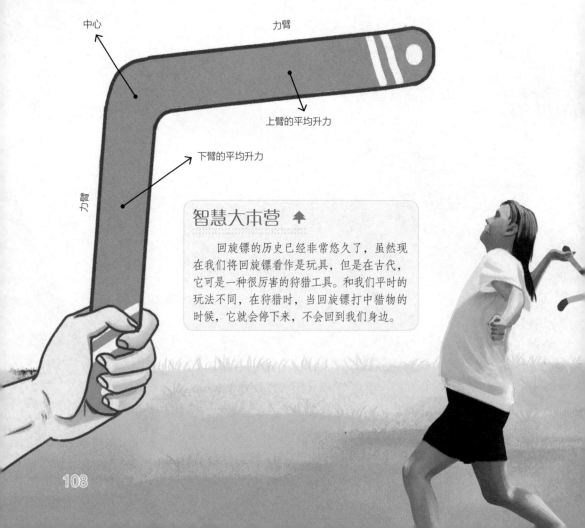

中心

力臂

上臂的平均升力

下臂的平均升力

力臂

智慧大本营

回旋镖的历史已经非常悠久了, 虽然现在我们将回旋镖看作是玩具, 但是在古代, 它可是一种很厉害的狩猎工具。和我们平时的玩法不同, 在狩猎时, 当回旋镖打中猎物的时候, 它就会停下来, 不会回到我们身边。

为什么天上的飞机
有时会拉着一条长长的白线?

有时抬头看天,可以看到飞机飞过,即使错过了飞机,也能看见飞机过去后留下的"尾巴"——一条长长的白线,这条白线被称为"飞机云"。"飞机云"又称"飞机尾迹",它是怎么形成的呢?

"飞机云"的形成是飞机排出的某些物质和空气发生作用的结果。事实上,并不是每架飞机都能"拉白线"的,只有喷气式飞机能够做到。喷气式飞机飞行的时候会有尾气排出,这些尾气含有较高的热能。高空当中温度很低,热气喷出后与冷空气相遇,使得空气当中的水蒸气凝结成小水滴,于是就产生了线状的云彩。

智慧大本营 ↑

喷气式飞机并不是在任何地方都有"拉白线"的本领,"飞机云"只有在7000~10000米的高空中才能形成,在这个范围之外就难以有这种现象出现了。虽然有时有螺旋桨的飞机也有可能因为动力降压产生白线,但是这种情况是非常罕见的。

109

霓虹灯为什么会发出不同颜色的光？

❮ 24/7

霓虹灯可真漂亮啊！到了晚上，闪啊闪的，各种颜色交织在一起。在欣赏之余，小朋友们是否思考过一个问题，为什么小小的霓虹灯可以发出各种不同颜色的光呢？

灯要想发光，首先离不开电的帮助。霓虹灯的特别之处在于里面填充了不同的气体。在这个世界上，有很多小朋友们没有听过的气体，其中有一部分惰性气体，这类气体非常懒惰，不喜欢和其他物质发生反应。不过，霓虹灯正是运用了它们哦！人们将这类气体放入灯管当中，根据气体比例的不同，通电之后就会发出不同颜色的光了。

智慧大本营

不同的气体发出的光也是不同的，比如，氖气通电之后会发出穿透力很强的红光，氩气受刺激则会发出淡蓝色的光，另外我们熟知的氦气能发出淡红色的光。大多数霓虹灯当中都填充这三种气体。

为什么家用电器都需要变压器？

小朋友们对电器了解吗？很多电器都有变压器哦！小朋友们知道它们是做什么用的吗？

变压器就是改变电压的装置。我们知道，插座中的电压是相同的，全部都是220伏。但是，每种电器所需的电压都是不相同的。尤其是一些小电器，承受不了这么大的电压。正因为如此，变压器诞生了。通过变压器，电器能够得到合适的电压，从而顺利地工作。

电磁炉上可以用铝锅吗？

电磁炉是近些年来厨房的新宠，因为比起明火来，这种炉灶显然更安全，也更容易打理。不过，电磁炉和煤气灶还是有一定区别的，就是它不接受铝锅。所以很多使用电磁炉的家庭，都将铝锅淘汰掉了。为什么电磁炉单单不喜欢铝锅呢？

这和它的工作原理有关系。从它的名字我们就知道，电磁炉和磁有关。事实上，电磁炉正是通过磁场感应来进行加热的。通过电产生磁场，然后产生能够快速发热的涡流，来让锅发热，从而煮熟锅当中的食物。虽然铝也是导电的金属，但是磁场产生的发热涡流对它产生不了太大的作用。

因为铝锅在电磁炉上不容易导热，总是做不熟饭，所以人们干脆就不用铝锅啦。

智慧大本营 ↑

除了铝对磁不感冒之外，铜也是一种逆磁性的材料，所以铜锅也不在电磁炉的适用范围当中。如果想用这两种材质的锅，那么就要在锅下面加设一块铁片，由铁将电磁炉产生的热量传导给它们。

微波炉加热为什么不能用金属器皿呢？

微波炉为我们的生活带来了便利，不过，它的方便也是有局限性的哦！比如想要加热食物的话，只能将食物放到陶瓷、塑料或玻璃器皿中，金属器皿是不行的。为什么微波炉这么挑剔呢？

顾名思义，微波炉就是用微波来煮饭烧菜的。微波是一种电磁波。这种电磁波的能量不仅比通常的无线电波大得多，而且还很有"个性"：微波一碰到金属就发生反射，金属根本没有办法吸收或传导它。除了金属之外，微波可以穿过玻璃、陶瓷、塑料这些绝缘材料。

这样一来答案就很明显了。如果在微波炉中使用金属器皿，那么微波就会被金属器皿所反射，也就无法加热食物了。而且，用金属器皿非常危险，如果将微波全部反射回去的话，就会让产生微波的电子管"自食其果"，会损毁微波炉。所以，千万不要因为好奇而将金属盘子放进微波炉哦！

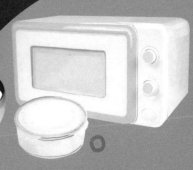

为什么安检仪可以看到箱子里的物品?

在地铁口和火车站都有安检设备，有的小朋友可能见到过，安检仪连接着一个屏幕，从屏幕当中可以看到行李箱当中的物品。安检仪是怎么检查出包裹里的物品的呢？难道它有"透视眼"吗？

安检仪的"透视眼"都是X射线的功劳。它是一种电磁波，和阳光当中的可见光不同，它有着非常强的穿透能力，很多不透明的物体它都能穿过。不过，在穿透的过程当中有一部分也会被物体吸收。安检仪发出的X射线被包裹中的物品一层一层地吸收，包裹中有些什么东西也就可以清晰地显示在屏幕上了。

为什么用不粘锅烹制食品不会粘底呢?

智慧大本营

虽说不粘锅的涂层非常稳定，但是如果温度超过250摄氏度的话，这个涂层就会有反应了，它会分解，然后就会产生有毒物质。所以，千万不能将不粘锅放在炉火上干烧。除此之外，在清洗不粘锅的时候也尽量注意不要用钢丝球，这样会划坏涂层。

不粘锅是妈妈非常喜欢的锅，就像它名字所说的一样，做饭炒菜都不粘，这样做出来的菜不会糊，刷锅也非常容易。这种锅为什么会有这种特殊的功能呢？

说到底，其实锅本身没有什么特别，特别的是锅中的一层薄薄的涂层。这个涂层就是不粘锅不粘的秘密。

这种不粘的涂层是由一种叫作聚四氟乙烯的物质构成的，它号称"塑料王"。这种物质特别之处在于它是一种非常"懒惰"的物质，不喜欢和其他的物质发生反应。耐酸、耐盐碱，无论放入什么调料，锅都不会被腐蚀。因此也就没有粘锅这样的现象出现啦。

酒精分析器为什么能分辨人是否喝过酒？

　　交警测酒驾的时候都会用到酒精分析器，小朋友们是否注意过这种仪器呢？它体积不大，但是能力可不小，人们对它吹一口气，它就能测定人们是否喝过酒了。

　　酒的主要成分是乙醇，而酒精分析器正是探测乙醇的好手。酒精分析器利用了乙醇的一种化学性质，就是它很容易被氧化。在酒精分析器当中存在着一种很容易和乙醇发生反应的氧化剂，叫作铬酐。在人们对着酒精分析器吹气的时候，如果喝了酒，那么乙醇分子就会随着气体呼出，遇到铬酐之后就会发生反应，然后通过传感器变成电子信息，传达给警察。这样，警察就可以知道这个人是不是酒后驾车了。

智慧大本营 ♠

　　现在这种检测仪已经使用得非常普遍了，但是，它也存在着一定的弊端。虽然酒的主要成分是乙醇，但除了酒之外，也有其他的食物当中有乙醇的存在。比如酒心巧克力就是这样，虽然吃一块巧克力不会影响驾驶，但检测仪还是会得出酒后驾驶的结果。

小朋友们知道吗？现在酒后和醉酒驾驶机动车都属于违法行为哦！

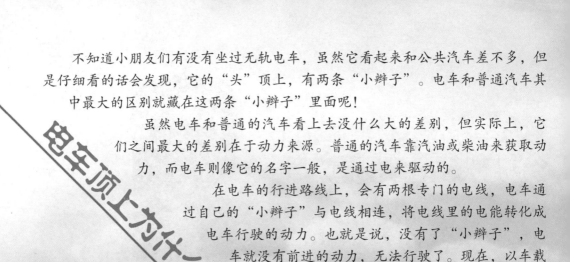

不知道小朋友们有没有坐过无轨电车，虽然它看起来和公共汽车差不多，但是仔细看的话会发现，它的"头"顶上，有两条"小辫子"。电车和普通汽车其中最大的区别就藏在这两条"小辫子"里面呢！

虽然电车和普通的汽车看上去没什么大的差别，但实际上，它们之间最大的差别在于动力来源。普通的汽车靠汽油或柴油来获取动力，而电车则像它的名字一般，是通过电来驱动的。

在电车的行进路线上，会有两根专门的电线，电车通过自己的"小辫子"与电线相连，将电线里的电能转化成电车行驶的动力。也就是说，没有了"小辫子"，电车就没有前进的动力，无法行驶了。现在，以车载蓄电池供电的电动公交车越来越多，它们就不需要"小辫子"啦。

电车顶上为什么有个小辫子？

智慧大本营

电车最早出现时，必须在一条固定的路轨上行驶，在交通拥挤的地方显得很不方便。后来德国人西门子发明了无轨电车，1911年世界上第一辆无轨电车在英国开始运营，之后世界各国广泛使用这种交通工具。由于无轨电车比有轨电车行车灵活性大，所以很受人们欢迎。

不知道小朋友们有没有注意过，在一些汽车的后面都拖着一条铁链，虽然不是很长，但是可以拖到地上。这条铁链有什么作用呢？

我们都知道，在我们周围到处都充斥着电荷，在汽车行驶的过程当中，汽车与空气之间会产生摩擦，从而产生静电。无论是车体，还是汽车发动机的排气管上，都会有静电产生。虽然少量的静电没关系，但是小朋友们都知道，如果静电积累到一定程度的话，就会出现放电现象，产生电火花。

这对于大货车或油罐车、装载危险品的汽车来说，是非常危险的，所以要及时将静电释放出去。轮胎虽然接触地面，但它是绝缘体，所以人们在车后面加上一条铁链或导电橡胶，以此来接地排出静电。原来，汽车后面的"小尾巴"是它的"避雷针"啊！

拖拉机为什么需要庞大的车轮？

小朋友们见过拖拉机吗？这种"车"可真奇怪，明明和普通的小轿车一样，都有四个轮子，但是轮子的大小却不相同，后面的两个轮子非常大，而且特别宽。为什么要设计成这个样子呢？小车轮不是更容易驱动吗？

告诉你吧，前后车轮之所以不同，因为前后轮胎有着不同的作用。在调节方向的时候，需要用到前面的轮子。这个时候，窄小的轮胎便于控制，而且节省动力。但是，在遇到坑坑洼洼的路面的时候，拖拉机的稳定性就非常重要了。拖拉机在行驶的时候总会遇到不平的路面，加上拖拉机常需要在身后拖动一些机械，大轮胎就彰显作用了。

还有一个原因：因为拖拉机的重心在后面，所以拖拉机要用大轮胎承重，这样就能增大摩擦力，避免打滑。这样一来，拖拉机行驶起来也就更加安全了。

为什么计算机
要用二进制？

小朋友们数学学习得如何呢？我们生活当中所用的都是十进制，但是，计算机和我们不一样，计算机所用的是二进制。为什么电脑要选择这种麻烦的进位制方法呢？

在二进制的世界中只有数字1和0，我们算起来感觉很麻烦，但是对于计算机来说，二进制显然比十进制更好算一些。计算机中有电路，电路只有开、关两种状态，因此，两个字符的表现方式就非常符合计算机的习惯。

除此之外，二进制与逻辑命题当中的"真"和"假""是"和"否"刚好对应，更便于逻辑判断，也方便运算。所以，计算机使用了我们不熟悉的二进制。

只要有光，就一定会有影子。但是，在做手术的时候要求光线充足，所以无影灯就应运而生了。就像它的名字所说的那样，在无影灯下是没有影子的。

这样的灯是怎样工作的呢？不知道小朋友们有没有仔细观察过影子。在灯光下，影子只有中间的位置是非常黑暗的，边上颜色会比较

浅。颜色较深的地方被称作本影，而颜色较浅的地方被称为半影。其实，根据光的不同，影子也会发生改变，如果光源面积非常大的话，本影就会消失，自然半影就更不明显了。

无影灯正是利用了这一点，用一组强光灯制造出大面积的光源，将光从各个角度射向手术台，这样既明亮，又不用担心影子的干扰了。

开

关

父母肯定都教育过我们，不能用湿手去摸开关。小朋友们都知道，如果这样做了，很可能触电。但是你想过原因吗？既然我们空手碰触开关没事，为什么沾上水就有事了呢？

话是没错，我们人体也是导体，但是我们忽略了物体的形态。水是导体，同时它也是液体。如果我们手上有水的话，去触碰开关就很可能让手上的水"钻空子"。如果水进入开关内部的话，那麻烦可就大了。虽然开关是绝缘体，但是水会成为人体和电之间的"桥梁"。如此一来，开关就失去绝缘的作用了，我们就会触电。所以小朋友们平时一定要注意安全，不能用湿手去摸开关啊！

记住，不要用湿手碰插头！

在日光灯发明之前，人们所用的都是白炽灯，也就是我们常说的电灯泡。后来，人们发现日光灯照明效果更好，而且比较省电，所以逐渐普及了起来。这两种灯发出的光不同，电灯泡发出的是暖光，而日光灯发出的则是白光。不过，要说两种灯最大的差别，还是在灯丝上。日光灯是没有灯丝的！

日光灯为什么没有灯丝也能发光？

在爱迪生发明电灯的过程当中，最大的困难就是灯丝的选择，因为灯丝才是电灯中真正发光的部分。电灯泡之所以可以发光，是因为电能加热了灯丝，灯丝受热才产生了光。为什么日光灯没有灯丝也可以发光呢？日光灯的工作原理是将紫外线转化成可见光。人们在日光灯当中加入了荧光粉。日光灯在通电之后，低气压汞蒸气进行弧光放电，产生紫外线，在紫外线的激发下，荧光粉发出近乎白色的可见光。

铁轨下面为什么要铺碎石头呢?

小朋友们都坐过火车吧?火车需要在轨道上面行驶,为什么轨道下面除了枕木,还有很多的小石子呢?人们说它们能够起到承重作用,可是那么小的石头怎么承重呢?

仔细观察可以发现,铁路的枕木与枕木之间是有一段距离的,所以在没有枕木的地方钢轨仍需承受较大的重量。火车体积庞大,重量自然也不一般。如果不将钢轨的力量分散,那么路基就要承受很大的重量和压力。而且,有的时候,铺设钢轨的路面并不平整,垫上小石子之后,能起到稳定的作用,也减少了钢轨的压力。

智慧大本营 ↑

当铁轨上有石子等杂物时,会严重影响火车的行驶安全。不过大家不用担心,现在的火车基本都能避免这些事故。因为铁轨上的小物体会被火车的气流给"吹走";大一些的会被火车前面的"排障器""推"离轨道;如果是大石头,也会被火车的强大力量撞飞;如果是遇到山体塌方、泥石流等,那么巡道员会立刻报告给调度室,调度室再通知司机及时停车避险。

小朋友们喜欢春节吗?春节是一年当中最热闹的节日了,而且在春节期间还会有美丽的焰火。我们都知道,焰火和炮仗一样,都由火药制成,可是为什么焰火能够呈现出多种多样的色彩呢?

我们先来了解一下焰火的成分好了。虽然焰火中有火药,但是火药只是起到燃烧剂的作用,除此之外,焰火当中还有助燃剂、发光剂和发色剂。发色剂就是让焰火呈现颜色的成分。发色剂是用不同种类的金属盐做成的。这些金属盐在高温燃烧时能够呈现不同的色彩,焰火正是利用了金属盐的这些特性才制成的。所以我们才能看到各色各样美丽的焰火!

智慧大本营

根据金属盐的不同,焰火的颜色会有所差别。比如硝酸钠在高温下呈现的是黄色的光,硝酸铜可以发出蓝光,硝酸钡可以发出绿光。这些都是我们常见的焰火色彩。

考古学家真是"火眼金睛",他们可以测定化石的年代,这是怎么做到的呢?莫非他们可以穿越时空?

穿越时空当然是不可能的。你或许不知道,所有的古生物体中都含有放射性碳,这些物质来源于宇宙射线的辐射,我们用肉眼是看不见的。通过宇宙射线的辐射,氮原子会失去一个质子,得到一个中子,形成放射性碳。我们知道,植物生长过程当中会吸收二氧化碳,这样放射性碳就会进入植物体内,而动物靠植物存活,所以体内也会有这种物质。

不过,生物死后,就不会再吸收放射性碳了,体内原有的放射性碳会发生衰变,辐射强度会随着时间的推移慢慢降低。考古学家就是利用这一点,从而确定化石的年代的。可以说,放射性碳为考古学做出了巨大的贡献呢!

为什么电梯会自动升降？

现代生活可真便利啊，大楼当中都有电梯了，我们再也不用爬楼梯，不知道方便了多少！不知小朋友们想过没有，电梯为什么可以自动升降呢？

电梯自动升降的动力自然是电力，然而它之所以可以上下运动则多亏了滑轮。在电梯的顶端有一个电动的滑轮，这个滑轮受电动机的控制。当我们按下楼层键之后，电梯电脑板会控制电动机和滑轮的活动，自动运行，通过转动方向的不同来让电梯厢上升或下降，从而实现人们的需要。想不到吧？智能化的电梯轻松解决了我们上下楼的大问题呢！

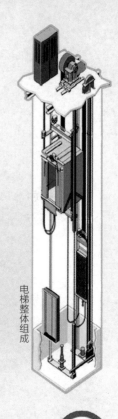

电梯整体组成

严禁超载

严禁拍打

严禁扒门

严禁打闹蹦跳

请勿在电梯门处停留

火灾、地震时请勿乘坐电梯

严禁靠门

禁止乱动按钮

现在我们来认识一下电梯的安全标志吧！

哇，这么多啊！

在黑天的时候，如果没有光源，我们很难看到景物。但有的时候，人们又偏偏不能开灯，这个时候就要用到夜视仪，因为这种仪器不用光源就可以看到物体。可是，没有光它是怎样"看"到的呢？

任何有温度的物体都能发出红外线。在夜晚虽然可见光非常微弱，但是红外线却很多，只是我们肉眼看不见。夜视仪就是通过接收目标物的红外线辐射来呈现图像的。不过，它所呈现出来的图像并不十分清晰，只能看清一个大概的轮廓。夜视仪有两种，一种是通过目标反射红外线来探知，另一种则通过目标本身的红外线辐射来探知，无论是哪一种，红外线都是最重要的部分。

夜视仪是怎样暗中视物的？

电动机就是我们常说的"马达"，它可以产生很大的机械能，从而带动各种机器做运动。那么它是如何做到的呢？

事实上，电动机就是一个将电能转化为机械能的"转化器"。它是利用通电线圈产生旋转磁场的原理，带动旋转电枢或转子旋转产生机械能。电动机按使用电源不同分为直流电动机和交流电动机。在我们的生活中，小到电动玩具，大到汽车、轮船，哪一样都少不了电动机的身影。

电动机是如何将电能转化为机械能的？

防毒面具真的能过滤毒气吗？

小朋友们看过战争电影吗？在战争当中有时候会出现毒气，这时防毒面具就派上用场了。一个小小的面具，为什么能够防毒呢？

其实，防毒面具的原理很简单。毒气是一种气体，其中有很多化学物质。在防毒面具当中装有过滤材料。最原始的防毒面具当中放置的是木炭，木炭有很强的吸附功能，在人们呼吸的时候，空气当中的有毒物质吸附在了木炭颗粒上，人们吸入的空气就安全多了。现在的防毒面具经过了多次改良，将其中的木炭换成了吸附本领更强的化学物质，不过原理还是一样的。

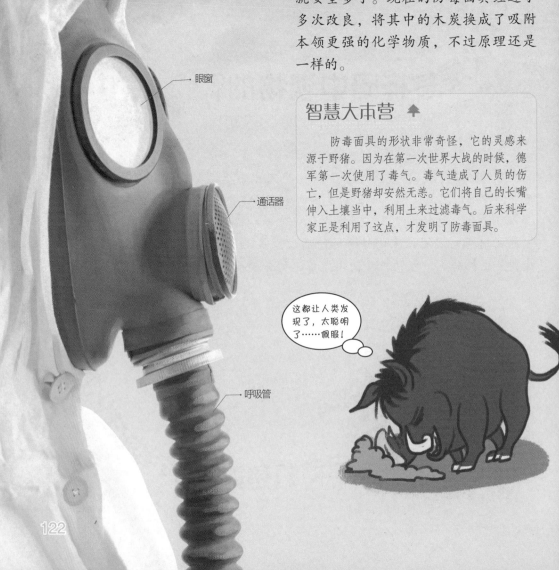

罩体

眼窗

通话器

呼吸管

智慧大本营 ▲

防毒面具的形状非常奇怪，它的灵感来源于野猪。因为在第一次世界大战的时候，德军第一次使用了毒气。毒气造成了人员的伤亡，但是野猪却安然无恙。它们将自己的长嘴伸入土壤当中，利用土来过滤毒气。后来科学家正是利用了这点，才发明了防毒面具。

这都让人类发现了，太聪明了……佩服！

114为什么知道那么多的电话号码呀?

114让我们的生活变得更加便捷,现在想要找电话的时候,我们会上网查,但是在过去,人们都会拨打114。为什么114会知道这么多的电话号码呢?

其实,想要安装电话,就需要申请、登记,然后连接线路。在我们登记的时候,就把自己的资料留给了电话局。114正是通过这样的方式充实自己的资料库的。不过不用担心我们的电话号码会泄露哦,114并不是一个营利机构,它隶属于国家,只是为了方便我们的生活而存在的。

激光光谱鉴定仪

激光能鉴别出古董的真假吗?

激光是一种非常神奇的光,这种光的威力可比阳光大多了!阳光只能穿透玻璃,而激光甚至连钢板都能穿透!不仅如此,就连世界上最坚硬的钻石,也难敌激光的威力。只要激光一照,钻石也会成为一阵尘烟!

这么厉害的光,要是照到古董上,古董不就毁掉了吗?科学家们当然是有分寸的。小朋友们或许不知道,有一种叫作光谱的东西,不同的元素所组成的光谱也不同。所以,通过光谱的观察可以辨别出元素。

用激光让古董表面的一个地方汽化,汽化后会有光,通过光谱分析,科学家就可以确定古董的年代和成分,以此来辨别它的真假。

玻璃是透明的，也是脆弱的，玻璃镜子掉在地上就会摔得粉身碎骨。但是，有一种防弹玻璃，它特别坚固，甚至可以抵抗子弹的冲击。子弹连钢板都能穿过，玻璃是怎么做到防弹的呢？

防弹玻璃之所以能防弹，是因为用的原材料不同。防弹玻璃使用的是一种复合型的材料，其中加入了工程塑料。加入工程塑料之后，玻璃仍旧可以保持透明，同时还增强了它的防护指数，从而使得玻璃更加坚固，具有了防弹的功能。由于厂商的工艺不同，防弹玻璃也有着一定的差异，但大致上都由三层组成。

第一层是承受冲击力的承力层，这层玻璃强度较高；第二层是由有机胶合材料组成的过渡层，可以缓解冲击力；最后一层就是韧性非常好的安全防护层。通过分层吸收冲击力的方式，防弹玻璃也就更加安全了。

为什么有的玻璃能防弹？

智慧大本营

不同的防弹玻璃有着不同的防护程度，大致上可以分成安全型和生命安全型两种。生命安全型防弹玻璃的防护指数不如安全型高，可能造成二次伤害。银行、车辆以及航空所用的防弹玻璃都是不同的。

真有能溶于水的玻璃吗？

　　小朋友们都知道玻璃和铁一样，是不溶于水的，因为玻璃分子之间的联系非常紧密，它们团结一致，不愿意融入一个新集体。但是，有一种叫作水玻璃的物质，却可以溶解在水中。水玻璃是生产电子管、电视机显像管、电脑显示器玻璃壳的原料。还可用于油墨、电缆、照相、药品、聚酯、炸药、制革、陶瓷、建材、水晶及医药的生产。和普通玻璃相比，水玻璃有什么不同的地方呢？

　　水玻璃和玻璃不是同一种物质。水玻璃本身就是一种可溶性的材料。它由二氧化硅和碱金属氧化物组成。

　　这种物质虽然是固体，但是遇到水分子之后，就像见到了亲人一样快速分解，和水分子"打成一片"。

智慧大本营

　　纳米技术的概念有三种。第一种将纳米技术定位在分子层面；第二种认为纳米技术是微加工技术的极限范围；第三种则将纳米技术放到了生物范围当中。

纳米是一种什么米？

　　纳米的名字小朋友们听说过吧？它可不是粮食的一种哦，而是一种长度单位。纳米技术是新兴的技术。纳米所代表的长度非常小，10亿纳米才等于1米，比细菌还小，只比原子大。

　　这么微小的单位有什么用处呢？纳米技术的用处可大啦！在纳米技术当中，通过对原子和分子的控制，从而掌控我们肉眼无法看到的微观世界。很神奇吧？现在纳米已经涉及了很多学科领域，比如有纳米化学、纳米生物学和纳米物理学等。通过纳米技术，人们可以制造出更先进的物品，从而改善我们的生活，也让科学深入到我们不曾探知的领域当中。

　　要想真正细致深入纳米世界的话，小朋友们就要努力学习哦！

核武器爆炸时腾空而起的蘑菇云。

什么是核武器？

核武器究竟是什么东西呢？简单来说，跟核反应有关系的杀伤性武器都算作核武器。像原子弹、氢弹和中子弹都是属于核武器的范畴。

核武器为什么那么可怕呢？它和普通的枪炮又有哪些不同呢？要说核武器的破坏力，普通枪炮可是根本没有办法相比的，它利用核反应，产生光热辐射和冲击波。核反应的破坏力要远大于火药。我们知道的炸药通过化学物质的分解而产生破坏力，核反应不同，它的变化深入到了原子核内部，爆发的能量是普通炸药的几十万倍。

因为核武器威力巨大，放射性污染非常严重。所以，世界各国反对核扩散，只有联合国安理会5个常任理事国才能拥有核武器。

声呐技术是什么？

不知道小朋友们有没有听说过声呐技术。声呐技术是探测技术的一种，主要在远距离探测上发挥作用，尤其是水下目标。其实，这种技术已经有超过百年的历史了。在第二次世界大战当中，这种技术就已经得到应用，当时主要是用来探测水下潜艇的。

声呐技术利用的是声波，为什么要用声音探测呢？告诉你吧，在水下，声波可是"无敌"的！我们想要看到东西，就需要光的帮助，虽然水是透明的，但是光的穿透能力仍旧有限，深海当中仍旧是一片黑暗。电磁波虽然也可以利用，但是它在水下非常容易损耗。声波就不同了，它可以在水中远距离传播，而且速度也很快。至今为止，人们还没有发现比声呐更优越的水下探测技术呢！

智慧大本营

声呐技术分为两种，一种是主动声呐，另一种是被动声呐。在探测冰山、沉船、暗礁的时候通常会用主动声呐。而对于在战争中探测敌人的方位这样的工作，使用的多是被动声呐。

雷达是用来做什么的？

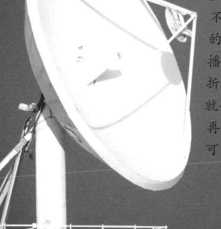

你知道雷达是做什么用的吗？可能有的小朋友知道，雷达是一种探测工具。那么它是怎样探知目标的呢？

光和声波在遇到障碍物之后都能折返，人们利用这些特性发明了很多探测工具。雷达也是一样，不过它利用的是电磁波。雷达有一个能够转动的半球形天线，它发射出电磁波，在电磁波传播的过程当中，如果遇到了障碍物的话，就会折返回来，被雷达感知到，这样它就知道了前方有障碍物。指示仪再将信息传达给我们，我们就可以知道前方的情况了。

127

定向爆破为什么不会影响周围的建筑？

爆炸的影响力非常大，但还是可以为人类所利用的。比如在拆除一些大型建筑物的时候就要用到定向爆破技术。定向爆破技术可以在一瞬间让一栋大楼变成瓦砾。

定向爆破和一般的爆破有着很大的差别，它经过严密科学计算，爆炸的威力、范围是可控的，不会造成大面积的坍塌，不会影响周边的建筑物。这是因为定向爆破不会盲目设置爆炸点，人们将炸药埋设在建筑物的关键部位，在爆炸的瞬间，炸药产生的巨大能量会带来非常高的温度，以此来破坏建筑物，但是冲击波不会特别巨大，所以没有碎裂的砖石到处飞溅。

通常情况下，在定向爆破时，都会把炸药埋在建筑的中心位置，这样在爆破之后外围的冲击威力会减小很多，比较容易控制爆破的规模。

定向爆破示意

用爆破技术，不是把建筑炸飞、炸碎，而是利用爆炸产生的能量来破坏建筑物主要受力结构，比如钢筋、混凝土等，这样建筑物就会因为失去承载能力，逐渐偏斜、变形，最后倒塌。

心脏起搏器
能使心脏恢复跳动吗？

心脏是我们人体非常重要的器官，如果心脏停止了跳动，人的生命也就结束了。不过，有一种叫作心脏起搏器的东西，它可以让心脏重新跳动，让刚刚心跳停止的人起死回生。

随着科技越来越发达，很多不可能都成为可能。医生们通过将心脏起搏器植入体内，来让心脏恢复跳动。在起搏器上，有一根非常细的金属导线，这根导线连接着心室，由锂电池提供电力，使起搏器当中的动脉发生器产生脉冲。心脏起搏器所发出的电流非常微弱，既不至于伤害身体，同时又可以刺激心肌，让心脏保持跳动。是不是很神奇呢？

事实上，随着科技的进步，在不远的将来，还会有更先进的起搏器出现呢！

X射线为什么能拍出人的骨骼？

在医院里，有一项X光检测，这项检查很神奇，能够隔着我们的皮肤和肌肉，照出我们骨骼的样子。我们平时所说的X光的学名叫作X射线。

这种射线为什么能够看到我们的骨骼呢？

X射线不是可见光，但比可见光的光线厉害多了！可见光的光线只能穿透透明的物体，它可不一样，很多东西它都能够穿透，比如我们的皮肤和肌肉。我们的皮肤细胞就像一个个透明的气球，X射线非常轻易就能通过，但是我们的骨骼密度很大，X射线无法穿透，反射回来后就能看到骨骼的影像了。

不过，我们还是要尽可能少拍X光片，因为这种射线会伤害我们的细胞，这也就是拍片的人需要穿上铅防护衣的原因了。

生物芯片是什么？

你知道生物芯片是什么吗？生物芯片也叫基因芯片或是DNA芯片。简单地说，生物芯片技术就是将某种生物样品，放到尼龙膜、硅片或玻璃片等材质上，然后通过收集信号的仪器，连接计算机，进行数据分析。它是一种将各种生物材料集成在一起的载体。

单单说这些，恐怕小朋友们还是不知道生物芯片是做什么用的。别看生物芯片个头不大，但是它的作用还真不小，它就像是微缩版的实验室，可以在一张芯片上集成很多生物材料，

节省了空间的同时，也将一切变得简单了。原来需要很多试管进行实验，现在仅靠一张芯片就可以完成了！

科技的发展是不是让我们感到惊叹呢？

智慧大本营

生物芯片的用途多种多样，大致上可以分成两类，一类是生物电子芯片；另一类是生物分析芯片。生物电子芯片主要运用于生物电子产品的生产制造，而生物分析芯片则多用于生物化学的研究。

哇，这些画片真漂亮！

不只漂亮，这些可都是高科技的生物芯片呢！

不锈钢为什么不生锈？

现在，不锈钢制品成了厨房中的常客。它是钢铁，却不会生锈，小朋友们知道原因吗？

其实，不锈钢之所以不会生锈，得益于一种叫作铬的物质。金属会生锈，是因为它们与空气中的氧气发生了化学反应。铬的作用恰恰是阻止氧化反应的发生。在不锈钢当中，铬的含量大概在13%～25%。其实铬也并不能完全阻止氧化反应，只是可以将金属氧化的速度降低为万分之一。不过，要是不锈钢当中的铬含量低于13%的话，这种物质就发挥不了作用啦！

钛是一种什么物质？

22 **Ti**
钛
$3d^2 4s^2$
47.87

钛是一种非常神奇稀有的金属，虽然小朋友们可能没听说过，但是它在地球上的含量可是非常高呢！钛元素在地壳当中含量排名第十，比铜多几十倍，就算随便抓起一把泥土来，里面都可能有钛的存在。

既然它含量这么多，一点都不稀罕，为什么还说它是神奇稀有的金属呢？说它神奇，这还要归功于它优良的特性和广泛的用途。关于金属的特性，我们能够想到什么呢？一定是很重，容易导电，容易被氧化等。但是钛与其他金属不同，它强度很高，也有金属的光泽，但是钛的密度很低，重量很轻，耐酸、耐盐碱、耐高温也耐低温，这使得它特别适合太空环境。所以在航天工业当中，钛有极其广泛的应用。说它稀有，是因为它在自然界存在十分分散，并难以提取。

除了航天之外，钛也是运动用品、手机、珠宝、汽车等很多行业的宠儿。它重量轻、强度高，所以医生会把它做成假肢，又因为它没有磁性，所以还可以广泛用于军事工业。怎么样，钛很神奇吧？

什么是超导体?

对于导体小朋友们都不陌生吧？导体就是能够传输电流的物体，水、铁、人体都属于导体。小朋友们或许不知道，导体虽然可以导电，但是导体当中也存在着电阻。简单来说，电阻就是物体当中阻碍电流通过的障碍，这些障碍会降低导电的速度，并且消耗部分电流。

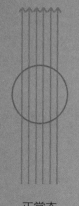

超导体则是极其容易导电的物质。如果说普通的导体是公路的话，那么超导体就像是一条高速公路。它几乎没有任何电阻，能够让电流高速通过并且减少损耗。

正常态　　　　　　　　超导态

智慧大本营

超导体的应用范围很广，比如输电设备、发电设备等都会用到超导体。磁悬浮列车、热核聚变反应堆等高端科技也离不开超导体的支持。

试管婴儿是在试管里培育婴儿吗？

小朋友们知道我们是从哪里来的吗？我们是从妈妈的肚子当中生出来的。可是现在，有了试管婴儿，是不是很奇怪呢？试管怎么可以"生孩子"呢？

首先，我们要走出一个误区，试管婴儿并不是没有爸爸妈妈的！试管只是胚胎生长的一个环境，并不能只靠化学物质凭空制造出一个婴儿来。人形成之初，卵子和精子需要结合，这样才能形成一个胚胎。试管婴儿只是将这些过程放在

什么是转基因技术?

转基因技术是基因工程的一种应用。基因工程，又叫作基因拼接技术或DNA重组技术。转基因技术通俗地说，就是按照人们的意愿，把一种生物的某种基因提取出来，加以修饰改造，然后放到另一种生物的细胞里，最终定向地改造生物的遗传性状。

人们可以利用转基因技术，改良农作物，增强农作物抗病虫害的能力，提高质量，还可以利用转基因技术制作疫苗，培养人工器官治疗人类疾病，等等。

当然，人们担心转基因技术是不是还存在着一些未知的危害性，但随着人类科学技术的提高，这些问题也将随之被一一解决。聪明的小朋友们，未来看你们的了！

实验室中，在人体之外进行而已。

但是，在卵子和精子结合培养几天之后，受精卵还是要移植到母亲的子宫里面的。在所有这些过程完成之后，妈妈只需要按照正常的程序十月怀胎，然后把孩子生下来就可以了。

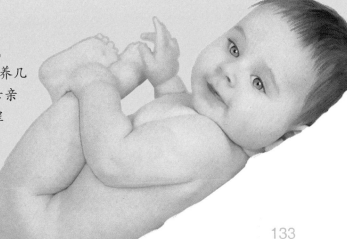

供卵细胞母羊

供核母羊

克隆羊

分离乳腺细胞

有核卵细胞

产出

代孕母羊

无核卵细胞

取出细胞核

融合细胞

体外培养

胚胎

克隆技术非常先进，通过克隆，人们可以像嫁接和扦插树苗一样，复制出长得一模一样的动物。小朋友们一定会很好奇这是如何实现的。

动物和我们人的细胞当中有着遗传信息，如果将含有这种信息细胞当中的细胞核剥离出来，然后将它移植到卵细胞当中。前提是卵细胞的细胞核要除掉。这样一结合，卵细胞就有了原来的遗传物质。在卵细胞变化之后，人们就会使用先进的技术让这个卵细胞发育成一个胚胎。最后，将胚胎移到一个子宫当中继续发育就可以了。

告诉你哦，克隆出来的动物拥有"原版"的特性，就像照镜子一样呢！不过，也正是因为这样，关于克隆人类的实验才在全世界范围内被严厉地禁止。想想看，要是哪一天突然跑出来一个跟你长得一模一样的人取代了你的位置，那该有多可怕？

智慧大本营 ↑

世界上首个克隆生物是克隆羊多莉。它诞生于1997年2月，也正是它的诞生，才使得克隆技术受到了人们的广泛关注。

F1赛车为何能"紧贴"在跑道上？

小朋友们看过F1赛车比赛吗？F1赛车的造型真酷！流线型的外观让它看起来非常完美，在比赛的时候，它的速度更是快得没法说。按理说，车辆在高速转弯的时候会产生巨大的离心力，可为什么F1赛车能够稳稳地"紧贴"在跑道上呢？

F1赛车之所以能牢牢地"紧贴"在跑道上，这和它的外形有很大关系。

相较于普通的车来说，F1赛车形状更"扁"、底盘更低，这样就增加了它的稳定性。而它流线型的外形尽可能地降低了前进的阻力，这样能够保证它的速度。除了这些方面之外，F1赛车的尾翼和前鼻翼的设计也比较特别，它的尾翼和前鼻翼能够在气流通过的时候产生一定的下压力，从而让赛车不至于发"飘"，所以赛车才能安稳地"紧贴"在跑道上。

F1赛车真的好酷！可是，这块黑白格子布是干什么的？要擦车吗？

当然不是了！在比赛中，只有冠军诞生时才能挥舞起黑白方格旗呢！

F1赛车手在上车前为什么要先移掉方向盘？

小朋友们如果看过F1比赛的话就会知道，F1赛车手在上车的时候要先把赛车的方向盘拿掉，然后人才进得去。这多麻烦啊！为什么一定要这么做不可呢？

赛车手当然也不想这么麻烦，不过这件事实在是非做不可。因为F1比赛是赛车极限速度的比拼。为了提速，人们尽可能地减轻了它的重量，因此，赛车的所有部件都非常小，整体体积也不大。驾驶舱更不用说了，赛车手坐进去后两条腿都挤在车前面的车鼻当中，方向盘就在两腿中间。因为地方非常狭小，所以只能将方向盘取下来，腿才能够伸进去。

越野车为什么能够翻山越岭？

越野车真厉害，无论是崎岖不平的山路，还是又湿又滑的石滩，都难不倒它。为什么它能够完成其他车无法实现的旅程呢？

不说别的，从它的外形上我们就能看出区别来。越野车可比普通的小轿车底盘高多了。这样，就算道路崎岖不平、坑坑洼洼的，也不容易碰坏底盘，它照样可以勇往直前。除此之外，越野车的轮胎和普通的汽车也不一样。相比一般的轮胎，越野车的轮胎更宽、更大，这样就能增加摩擦力，防止打滑。

从内部结构来说，普通的车为了节约能源，都是两轮驱动。而越野车则不同，因为功率大，一般是四轮驱动，所以在上坡的时候也尤为轻松。这些方面都为越野车翻山越岭提供了优越的条件。

为什么太阳能汽车不用加油也能走？

我们都知道，汽车前进的时候需要动力，而动力则来源于汽油。没有汽油，汽车自然就开不动了。可是，为什么太阳能汽车就不需要汽油呢？

太阳能汽车不用汽油，并不代表它不需要能源。太阳能就是太阳能汽车行驶的能量来源。因此，并不是所有的汽车都能利用太阳能，只有经过特殊改造的汽车才行哦。

太阳能汽车的构造和普通的汽车不同，它没有发动机，但有电池板、储电器和电动机。在有太阳的时候，电池板吸收太阳能，然后将太阳能转化为电能，进而带动电动机运转，汽车也就动起来了！

太阳能的优越性有太多啦，它取之不尽用之不竭，而且非常环保，是非常理想的能源。

不过，现如今，太阳能汽车的技术还不够成熟，所以这种车在平时的马路上是根本看不见的。

智慧大本营 ↑

早在20世纪的时候，就已经有太阳能汽车的存在了，在1987年11月甚至还举行了太阳能汽车的比赛。相信有朝一日，我们一定可以坐上以太阳能为动力的汽车！

太阳能汽车真好，不仅不用油，还不会排放废气，啊，终于不用担心尾气污染啦！

那雨天或雪天怎么办？

不用担心，只要像给手机充电一样，给它们也充足电就可以！

磁悬浮列车为什么能悬浮在轨道上？

磁悬浮列车是一种先进的交通工具，在我国还没有普及。磁悬浮列车看起来还真"悬"！它悬浮在铁轨上方，速度非常快。可是，磁悬浮列车又不是飞机，它是怎样悬浮在轨道上的呢？

磁悬浮列车利用了超导技术，超导体拥有绝对的抗磁性，所以在磁铁面前就会产生斥力。磁悬浮列车正是利用了超导体的这个特性，让车体离开轨道，悬空飘浮，脱离磁铁重力的控制。

虽然看着很危险，但是磁悬浮列车的安全系数很高，比起普通的车更平稳，也没有了与轨道的摩擦力，能够提高运行速度。最重要的是，它利用电力和磁力，是一种清洁无污染的交通工具。

气垫船为什么可以悬浮在水面上行驶？

在水上航行的时候离不开船，但是，普通的船也有一定的弊端。因为水里不像陆地一样稳定，所以船很容易受到风浪的影响，当遇到水的阻力的时候，也很难快速行进。基于这些原因，一种新型的船应运而生了！它和磁悬浮列车有些相似，能全部或部分垫升船体，减少阻力，它就是气垫船。

磁悬浮列车有磁力，可以悬浮在铁轨上，气垫船没有磁力，是怎么离开水面的呢？

事实上，在气垫船的底部有几台很大的鼓风机，这些鼓风机能够产生大量的压缩空气。就是这些压缩空气抬着气垫船离开了水面。

虽然气垫船的船身是离开水行驶的，但它的螺旋桨却还在水里，通过螺旋桨旋转产生的推力让船前进。这样一来，气垫船既不受水的影响，还能提高速度，也就成为非常理想的水上工具。

像汽车一样普及？私人飞机为什么不能

看电视的时候，我们发现，有的富翁拥有私人飞机。这是财富的象征。回想一下，在很多年以前，汽车也还是稀罕物，私家车普通老百姓根本不敢想。但是短短的几十年之后，私家车已经非常普及了，很多家庭都有车。那以后私人飞机也会像私家车一样普及吗？答案是不可能的。虽然科技在进步，但是飞机和汽车还是有很大的不同。

首先在保养上，飞机每年就要消耗很多资金，而且也有非常严格的限制。其次，汽车之所以能够普及，在于汽车操作简便，安全系数高。飞机就不一样了，它的安全性有着严格的限制，对于驾驶技术也要求很高。从这些方面来看，私人飞机是难以得到普及的。

直升机为什么能悬停在空中？

直升机造型特别，而且它和普通的飞机也不相同，它不仅能够前进，还能倒退，或是悬停在空中。对于普通飞机来说，这是很难实现的。直升机怎么就能做到呢？

想想它和普通的飞机有什么区别我们就找到秘密了！那就是它"头顶上"有旋翼而其他的飞机没有！直升机头上的旋翼就是它可以垂直起落、悬停的奥秘！当旋翼旋转时的升力和直升机的重力相等的时候，直升机就会保持着一种"静止"的状态，悬停在空中了。

另外普及一个小知识，直升机的旋翼能够进行不同角度的倾斜，而它也是靠这种倾斜来决定飞行方向的，是不是很神奇呢？

智慧大本营 ◆

直升机是非常理想的救援工具，因为它比普通飞机灵活，可以在空中悬停，也能够直接起降，而不需要机场，这些都为营救工作提供了最大的便利。

直升机为什么有个长尾巴？

直升机和飞机外表上有很多不同的地方，除了"头"上的旋翼之外，还有一条和蜻蜓一样的长尾巴。这个尾巴有什么特别的作用吗？

注意观察的小朋友肯定发现了，在直升机的尾巴上，有一个垂直的螺旋桨。这个螺旋桨用于控制直升机的转弯。因为直升机"头"上的旋翼很大，为了防止尾巴上的旋翼影响到旋翼的工作，所以就要将直升机的尾巴伸长。而且，直升机的长尾巴也能起到一定的平衡作用。所以，这个尾巴可不是可有可无的哦！

飞机那么笨重，为什么能飞上天空？

鸟儿又小又轻，我们每天都能看见它们在天上快乐地翱翔。可是，又重又大的飞机怎么也能在天上飞行呢？不知道聪明的你有没有好好想过这个问题。我们一起来探究一下吧。

想要知道飞机为什么能够飞上天，就要想想它飞上天最大的难度在哪里。从物理学的角度看，飞机想要离开地面在天空中翱翔，最大的对手就是地心引力和空气的阻力。只要解决了这两个问题，飞机就可以飞上天。

其实，飞机在起飞的时候，可以通过引擎产生出巨大的推进力。推进力使得飞机有了起飞速度，此时机翼迎着风，当空气穿过机翼时由于机翼的特殊外形会使空气更快地穿过机翼上方，这样机翼上方的压力小，下方的压力大，产生了压力差，机翼就有了向上的升力，当上升力大于地心引力的时候，飞机就可以离开地面飞起来了。

不过，在离开地面一定距离之后，飞机就要降低速度，让推进力、升力和阻力、重力达到平衡，这样飞机才能平稳地飞行。

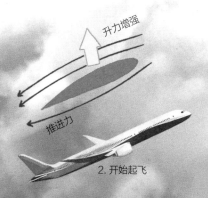

升力终止

升力增强

推进力

3. 起飞成功

阻力　升力

2. 开始起飞

1. 准备起飞

飞机起飞过程

飞机为什么要从双翼变成单翼？

现在的飞机造型简捷。事实上，在刚刚问世的时候，飞机的造型和现在有很大的差别，没有封闭的驾驶舱，连机翼都完全不同。看过老电影的小朋友都知道，过去的飞机是双翼的，也就是有"两层"翅膀。按理说双翼应该升力更大，为什么现在改成单翼了呢？

这项改变是在第二次世界大战中发生的。战争之前的飞机大都是双翼的，但是在战争当中人们发现，传统的双翼飞机不如单翼飞机容易控制，而且稳定性也不如单翼飞机。所以，人们对飞机进行了改良。慢慢地，单翼飞机就取代了传统的双翼飞机，翱翔在天空之中了。小朋友们平时也需要这样的探索精神哦！要知道，我们人类就是这样逐渐进步的！

飞机机翼的横截面是什么形？

在我们的眼中，飞机机翼的横截面是什么形状的呢？或许我们认为它是椭圆形或是长方形的，但事实上，飞机机翼的横截面是横向很宽纵向很窄、上凸下平的形状。为什么这样设计呢？

这也是力学的应用。流动的空气有一个特性，一个地方空气流速越大，气体压强就越小；反过来说，流速越小，空气压强就越大。飞机之所以能够升上空中，正是得益于机翼的形状。将机翼设计成上凸下平的形状，能够让机翼上面的空气流速加大，压强变小，而下面则正相反，较大的压强成为一种升力，能够使飞机飞起来。

隐形战斗机为
什么能隐形？

听说过隐形战斗机吗？它可不是透明的，我们用眼睛就可以看得到。但是，对于探测飞机的雷达来说，它就变成"隐形"的了。这其中有什么奥秘呢？

我们都知道，雷达并不是利用可见光而是用电磁波来探测飞机的，所以，隐形战斗机就是针对它们的探测条件来设计的。在隐形战斗机的骨架和表面上有一层隐形涂料。这些涂料能够吸收电磁波，可以起到一定的隐身效果。另外，飞机在外形上也做了改变，会尽可能小地减少或改变雷达的反射波，降低被敌人发现的可能性。

怎么样，它们像不像"忍者"呢？

什么是超音速飞机？

超音速飞机，光看名字我们就知道它有多快了！声音传播的速度是每小时1224千米，我们难以超越，但是超音速飞机却可以。

这种飞机超越音速的奥秘在于它的发动机。和普通飞机所用的喷气发动机不同，超音速飞机运用了冲压发动机。这种发动机由进气道、燃烧室和推进喷管三个部分构成。当气流进入发动机之后，便会逐渐减速，然后静压得到提高，温度也会升高，再进入燃烧室，与燃油相结合，产生非常高的温度，最后从喷口喷出。由于气体喷出的速度非常快，因此产生的推力也是异常巨大的，超音速飞机的速度自然是普通飞机无法相比的。

智慧大本营 ↑

1968年12月世界上每一架超音速飞机图-144由苏联试飞成功，1969年3月法国和英国合作的协和式飞机试飞成功。

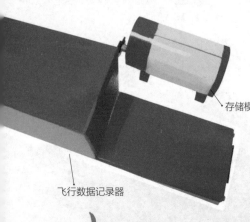

存储模块

飞行数据记录器

黑匣子能在
1100 摄氏
度的烈火中
经受 30 分
钟的烧烤

黑匣子有多厉
害呢！现在就
来看看吧！

黑匣子能够在汽
油中浸泡几个月

黑匣子能承受
2 吨重的物体
挤压 5 分钟

总之，黑匣子能在许多恶劣的条件下安然无恙

飞机上的 "黑匣子" 有什么用？

在飞机遇难之后，人们首先寻找的就是 "黑匣子"。"黑匣子" 究竟是什么呢？难道真的那么重要吗，以至于人们非找到它不可？

黑匣子真的非常重要，因为它记录了飞机的飞行数据！其实，"黑匣子" 只是一种俗称而已，真名叫作飞行数据记录仪。

它包括两台记录仪，全部安装在飞机的尾部，因为这里是飞机失事时最不容易受损的部位。黑匣子能够记录半个小时的驾驶舱对话，一旦超过半小时，前面的就会自动删除。也就是说，如果飞机遇难的话，人们能够通过遇难前半小时驾驶员的对话来寻找事故原因。

虽然称为 "黑匣子"，但是它们实际上是十分扎眼的橘红色，因为这样的颜色也有利于人们在事故的现场废墟中寻找它。

除了录音功能之外，"黑匣子" 还能够记录飞行过程中的各种参数，找到了它们，就能找到飞机失事的原因。所以黑匣子非常重要！

FLIGHT RECORDER DO NOT OPEN

黑匣子安装在
飞机尾部

预警机为什么要背着一个大圆盘？

虽然预警机也是军用飞机家族当中的成员，但是它的造型和普通战斗机有着巨大的差别。有的小朋友可能见过，在它的背上，有一个大圆盘。为什么要给自己增添不必要的负担呢？还是说这个大圆盘有它自己特殊的本领？

预警机又叫空中指挥预警机。它的作用除了侦察监视、预警外，还在空中直接指挥作战飞机执行各种任务。它的大圆盘就是它的侦察设备。在圆盘当中，有雷达和敌我识别器，机上还有计算机指挥系统，通过这些，预警机就能够探测敌我情况。了解了敌我的基本态势，指挥官们就可以着手制订作战方案了。所以说，预警机其实是一个"空中指挥所"，没有了预警机，指挥官就不能及时了解战场上的情况了。还要说明的是，不是所有的预警机都"背"着一个大圆盘，有的机背上背的是"平衡木"，最新型的预警机，将取消"大圆盘"和"平衡木"，用机身蒙皮共形天线技术来替代。

为什么商品要用条形码？

超市里的商品在外包装上都有条形码。当然，在我们看来，它不过是一些宽窄不一的竖条而已，为什么要印条形码呢？它有什么作用吗？

条形码的作用是识别商品。在超市结账的时候，收银员都会扫一下条形码，在扫完之后，产品的相关信息就会出现，包括生产地区的代码、厂商代码、检验码等，然后按照出售价格等打印到票据上面。别看它只是竖条，不同的商品有着不同的条形码。它的存在，帮助人们简化了管理，让工作更加高效，生活更加便捷。

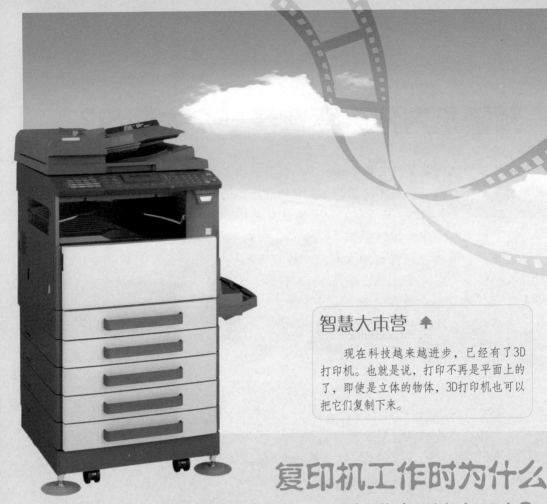

复印机工作时为什么会散发出一种难闻的气味？

　　小朋友们有没有使用过复印机？复印机在复印的过程中，会散发出一种非常难闻的气味。这种气味是怎么产生的呢？

　　之所以会发出难闻的味道是因为复印机工作的时候会用到碳粉。碳粉在高温和高压的条件下能够与空气当中的氧气发生反应，产生臭氧。而具有刺激性的气味正是臭氧的一个特性，所以我们闻到的，其实是臭氧的气味。不要以为它只是气味不好啊，吸入臭氧过多的话，还会对我们的身体造成危害呢！所以一定要把复印机放在通风的地方哦！

数码相机为什么不用胶卷?

以前，旅游的时候除了要带相机之外，还要带上不少胶卷，每照几十张就要换一次胶卷。不过随着数码相机的出现，胶卷渐渐淡出了人们的视线。为什么数码相机不用胶卷呢?

这是因为，数码相机和老式相机的结构不一样。数码相机当中有电子影像感测器，它能够将景物呈现到相机中的影像转化成一种数字信号，通过进一步的处理后，储存到存储卡上。

这个过程当中并不需要胶卷的参与，自然就用不到胶卷啦! 一张存储卡能够存上千张照片，可以拷贝和网络传输，相比胶卷更加便捷，这些都是传统相机可望而不可即的!

测谎仪为什么能测谎?

小朋友们知道测谎仪吗? 是不是难以相信，竟然会有这种东西存在，有时我们人类都无法辨别谎言，测谎仪又是怎么做到的呢?

我们不知道，人在说谎的时候，在心理、生理方面会发生一系列的变化。当然啦，很多变化是我们用肉眼难以辨别的。比如心跳加快、呼吸急促等。这些变化虽然我们难以发现，但是敏感的测谎仪却可以。人们通过将感应器放在手腕、手指等部位，通过问问题来观察被测谎者的细微生理反应。

测谎仪对于案件的侦破有着不小的意义，它能够协助警员办案，避免错案的产生。

自动取款机为什么能吐钱？

自动取款机也叫ATM终端，或是自动柜员机。通过自动取款机，我们能够随时存取现金。它24小时"营业"，不用等银行开门，非常便捷。那么，它是怎么工作的呢？为什么一台小小的机器能"吐"出钱来呢？

实际上，在自动取款机后面，是一个钱箱，里面存放着现金。而自动取款机的控制系统则与银行的系统相连。我们所用的储蓄卡上有磁膜编码，这是我们肉眼难以看到的，磁膜编码和我们的密码相关联，当我们输入密码之后，如果磁膜编码和密码都正确，自动取款机就会允许我们通过银行系统进行存取的业务，自动取款机后面的钱箱就会将钱"吐"出来啦。

P:<0000021a unknown hard error
own Hard Error

STOP:<0000021a unknown hard error
Unknown Hard Error

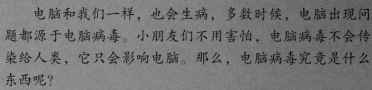

什么是电脑病毒?

电脑和我们一样，也会生病，多数时候，电脑出现问题都源于电脑病毒。小朋友们不用害怕，电脑病毒不会传染给人类，它只会影响电脑。那么，电脑病毒究竟是什么东西呢？

简单来说，电脑病毒是一种可以自我复制的计算机指令，或是程序代码。它会破坏电脑的功能，或是损坏数据，还具备传染性。当然，电脑本身不会产生病毒，这些病毒都是人们编写出来的。有些别有用心的人会利用计算机软件的漏洞或是硬件的脆弱部分编制代码或指令，之后通过不同的方式进行传播，感染电脑的其他程序，从而造成数据的损坏。

电脑病毒就像危害我们身体健康的病毒一样，时刻威胁着电脑的安全，所以我们在使用电脑时要注意定期杀毒。

哎，我又被病毒攻击了！

智慧大本营 ↑

虽然提高系统的安全性能够起到一定的防毒作用，但是没有漏洞的系统是不存在的。现在有许多杀毒软件，绝大多数的病毒都能被杀毒软件查出来。除了按时杀毒之外，我们也要及时更新病毒库，以此来保障电脑的安全。

3D电影是怎么制作出来的？

现在很多的电影院都有3D影厅，专门放映3D电影。和传统的电影不同，3D电影有着非常完美的视觉效果，给人的感觉就像是身临其境一样。这么神奇的电影是怎么制作出来的呢？

实际上，我们两个眼睛所看到的影像是不一样的，只不过在大脑中对图像进行了处理，这样我们看起来就是立体的图像。而3D电影正是将左眼和右眼的影像分开来拍，之后再融合到一起制作成的。如果我们不戴特殊的3D眼镜，看到的影像就是模糊不清的，而戴上眼镜之后再进行观看，我们看到的就是立体的图像了。

智慧大本营

其实3D电影的种类并非只有一种，利用左右眼看到的不同画面进行制作只是其中的一种方法。除此之外，还有利用双眼接受光颜色不同而制作的立体电影。不过无论是哪一种方法，在电影制作完成后，我们都需要戴特殊的眼镜才能享受这些特殊的视觉效果。

什么是机器人？

在很多故事当中都有机器人的出现。小朋友们真的了解机器人吗？机器人真的是人吗？

实际上，能够自动执行工作的机器装置都被人们称为机器人。当然了，机器人工作前需要人们先编排相应的程序。所以说机器人实际上是在"照章办事"，只有设定了程序，它才会进行工作。在有的行业当中，有一些比较危险的工作，或是单纯的劳力工作，都可以让机器人来完成。

机器人的问世无疑为我们的生活带来了巨大的便利，随着时代的发展、科技的进步，说不定以后我们家中还会出现机器人保姆呢！

智慧大市营

世界上首个机器人诞生于20世纪50年代，当时，美国的两位发明家通过合作，制造出了一个工业机器人，之后，两人创办了世界上首家机器人工厂，将机器人投入了批量生产。

指纹锁为什么特别安全？

小朋友们知道按手印是什么意思吗？有的时候，一些文件通过签名具备相应的法律效应，但是，有时不签名，按手印也可以。

每个人的字迹都不同，通过鉴别字迹，可以确定一个人的身份，同样的，手印也是如此。事实上，每个人的指纹都是独一无二的。指纹锁就是根据这个特性发明出来的。它不用记密码，也用不着钥匙，我们的手指就是钥匙。虽然看上去我们的手指都一样，但是指纹就像我们的签名一样，不会重复，只属于我们个人。两个人即使再相像，指纹也是不同的。所以说，指纹锁的安全系数非常高！

不过，指纹锁也有麻烦的地方。比如要是录入指纹的那个手指受伤了的话，指纹就识别不出，锁就打不开啦！

为什么手机就算关机了，里面的时钟仍然不会停？

到了晚上，爸爸妈妈会把手机关机。到了第二天一早，打开手机，时间仍然是准的。关机之后不是应该切断电源了吗？怎么时钟还在走呢？

这是因为，在手机当中有一个叫作时钟晶振的部件，它能够为关机后的时钟提供电量。虽然我们关机了，手机本身不再消耗电量，但是时钟晶振会保存时钟所需的电量。因为时钟所需电量非常少，所以我们察觉不出来。但如果将电池卸下几天之后再安上，可能时钟就停止了。

所以说，在使用手机的时候，为了让时钟保持精准，最好不要频繁地拆卸电池哦！